L 27
Ln 19752.

LETTRE

A MESSIEURS

Les Présidens, Secrétaires Commissaires, Membres Associés Adjoints, Correspondans des Académies et Sociétés d'Arts de Sciences, de Belles-Lettres et d'Archéologie, auxquelles j'ai l'honneur d'appartenir, ainsi que des Cercles et Chambres de Lecture où l'on a eu la bonté de m'inviter et de m'admettre comme visiteur dans les villes où, sans la distance de mon domicile, je serais devenu candidat d'abonnement ou de souscription.

Ecce quàm bonum, et quàm jucundum habitare fratres in unum. Ps. 132, v. 1.

TRÈS CHERS ET TRÈS HONORÉS CONCITOYENS, COLLÈGUES ET CONFRÈRES,

JE me punirais moi-même en m'excluant, jusqu'à nouvel ordre, de toutes les réunions militaires, administratives et littéraires dont j'ai fait partie, même de tout ce qui s'appelle bonne compagnie, si je me sentais le plus légèrement coupable d'une seule chute dans le bas vice ou le noir crime de l'ingratitude. Telle est pourtant l'odieuse imputation qu'à la face du public ose me faire (heureusement plutôt par étourderie que par méchanceté) un jeune débutant ou novice au journal de Rouen, du 20 octobre; et cela, Messieurs, sans la moindre information sur le personnel du vieux soldat et littérateur qu'il veut rendre le plastron de ses quolibets; sans le moindre égard à la gravité de mon âge, de mes vues, de mon état, de mes services, travaux, occupations, études et remarques sur de hautes et très importantes matières que le jeune censeur n'entend peut-être pas.

Dans ce temps d'effervescence et de passions publiques, l'infidèle et cynique extrait qui m'égratigne et m'éclabousse sans pouvoir me blesser ni me salir, il n'est rien qui puisse m'étonner, m'affecter, ni me décourager. Comme très peu d'entre vous lisent le *Journal de Rouen*, je ne relèverais pas l'article dont il s'agit, si l'on ne m'assurait qu'il est répété dans d'autres feuilles, et que c'est un des cas où l'Écriture-Sainte, qui nous prescrit avec tant de sagesse la noble humilité, mère de la plus salutaire et plus vertueuse modestie, nous recommande aussi le soin de notre réputation.

Ainsi, Messieurs, mon juste désir de conserver votre estime et d'empêcher les préventions désagréables que des publications mordantes et malignes pourraient suggérer à d'autres hommes estimables qui ne me connaissent pas, me détermine à neutraliser le pernicieux effet des traits qui me sont lancés d'une main qui pourrait me devenir un jour plus favorable. J'ose donc vous demander un peu d'indulgence et d'attention pour une défense qui, j'espère, vous paraîtra légitime, succincte et suffisante, et que j'entreprends avec les seules armes de la candeur et de l'équité, sans fiel et sans récrimination, comme sans déguisement et sans détour.

Jamais je n'exigeai la reconnaissance des personnes à qui la Providence m'a fourni les occasions et la possibilité de rendre des services légitimes; et jamais, graces à Dieu, n'entra dans mon cœur, mon caractère, mon langage et ma conduite, la plus légère ombre d'ingratitude envers celles qui m'ont témoigné de la bienveillance.

A l'instant, Messieurs, où je viens de tracer les trois lignes immédiatement précédentes, un homme de poids, qui connaît mon jeune agresseur, veut bien m'en rendre un témoignage qui me préserve de succomber à la tentation de lui appliquer, 1° le passage de l'Evangile concernant l'observateur qui, choqué d'entrevoir une paille dans l'œil du voisin, ne voit pas la poutre placée dans le sien propre; 2° l'apologue d'Esope, de Phèdre et de Lafontaine, sur un autre homme qui dans le sac de devant de sa besace a mis les défauts d'autrui, laissant les siens dans le sac de derrière.

Il n'y aura, Messieurs, nul signe d'humeur, de pique ou d'irritation dans les avertissemens honnêtes, utiles et bénévoles que mon jeune hypercritique m'a mis dans le cas de lui donner en quelques endroits de la présente lettre; car, par suite des principes et sentimens qui rendirent ma jeunesse circonspecte, docile et révérentieuse envers les vieillards, ma longue expérience et mon âge très avancé ne prennent jamais l'air ni le ton dur et pédantesque envers les jeunes gens dons je goûte parfois la consolation d'en voir plusieurs très aimables et très probes s'épancher avec moi leur zélé serviteur et leur franc ami, comme j'éprouve la satisfaction de conserver l'estime et l'attachement d'autres bons Français d'âge et d'état divers, malgré la différence prononcée, souvent même inconciliable, de plusieurs de nos théories et spéculations sur des articles de profonde politique et de haute métaphysique.

Par le temps qui court, Messieurs, vos oreilles comme les miennes peuvent être souvent frappées ou choquées des voix de tonnerre et des cris de Stentor dont beaucoup d'hommes de peine (peut-être moins pervers qu'égarés) vraisemblablement excités, soufflés et payés, sortis du dernier rang des classes les moins pourvues de civilisation, font retentir les tavernes et les carrefours de leurs invectives contre les hommes et les choses les plus graves et les plus respectables de la société civile et militaire, politique et religieuse.

Or, en de telles circonstances, faudra-t-il que le rôle des hommes ayant un peu d'éducation, d'observations, de travail, de logique et de lumières, se réduise à murmurer ou marmoter, au coin d'un salon défiant, inquiet, soupçonneux ou terrorisé, quelques demi-mots ou demi-plaintes sur les maux et dangers de la patrie ou du Roi, qui ne font qu'un selon le grand mot de M. de Castelbajac.

Est-ce par une apathique, infructueuse ou timide circonspection que s'acquitteront les droits, les devoirs, les vœux de bien général imposés par le serment des chevaliers de Saint-Michel, du St-Esprit, de St-Louis et de la Légion-d'Honneur; par le brevet, la commission, le diplôme ou les pouvoirs de tout homme revêtu de certaines places, fonctions ou qualifications distinguées; par la spéciale disponibilité ou destination de toute la classe noble; par la conscience du citoyen de tout état, muni de quelque instruction, sensibilité, prévoyance et jugement?

Il ne s'agit pas ici d'augmenter indéfiniment la quantité déjà trop nombreuse des songe-creux, faiseurs de projets, ni d'exciter une audace capable de faire dégénérer les meilleures opinions, vues et doctrines, en espèce ou source de factions arrogantes et menaçantes. Il n'est question que d'aider au développement du germe ardent et vivifiant de bonnes intentions mis par la main du Créateur au fond du cœur humain. Il s'agit aussi d'entretenir cette sorte de feu de Vesta si propre à ranimer, éclairer, diriger l'esprit de piété, de bienfaisance, d'activité, de concorde, d'obligeance, de mutuels égards et secours d'où naissent les grandes vertus domestiques et sociales. C'est à leur source pure et céleste que nous puiserons cette généreuse philantropie, cet admirable patriotisme, cette belle philosophie dont les plus solides appuis et fondemens, les plus sublimes clartés, les plus sensibles et les plus incontestables perfectionnemens se trouvent dans la doctrine chrétienne, mais dont notre anarchie ou canaillarchie révolutionnaire ont tellement gâté le fond et les formes que les noms même, originairement si respectables et si respectés, de philosophe et de patriote, tombèrent, surtout depuis la fatale année 1789 (ère déplorable pour les sages et glorieuse pour les égarés) en mépris et presque en malédiction, comme y tombera le titre de *constitutionnel*, si l'on continue de faire un mot de parti de ce titre que personne n'a le droit de s'arroger exclusivement, et qui généralement appartient sans affecttation, même sans qu'il soit nécessaire de l'exprimer, à tous les actes et à tous les individus qui ne sont pas en opposition formelle aux institutions et aux lois de leur pays.

Le zèle que me reproche le Journal de Rouen comme ultra-religieux, se borne à me garantir d'une coupable ou stupide indifférence entre le faux et le vrai, le juste et l'injuste, le bien et le mal. C'est donc par suite du dogme sacré de la charité chrétienne, que je professe et conseille la tolérance purement civile de toutes les pratiques, opinions et croyances, tant qu'elles ne dégénèrent ni en culte immoral ni en faction perturbatrice. J'ai dit ailleurs pourquoi j'aurais désiré, comme notre immortel Malesherbes, que Louis XIV eût borné la révocation de l'édit de Nantes à l'article des places de sûreté dont avaient tant abusé, sous Louis XIII, les protestans auxquels on devait, en bonne conscience, assurer pleine sûreté dans tout le royaume, en leur ôtant ce dangereux moyen de former un autre état dans le cœur de l'état. J'ai dit aussi pourquoi j'aurais voulu qu'on eût conservé la retraite de Port-Royal à ses vertueux solitaires (que de meilleurs procédés auraient enfin réconciliés avec le Saint-Siége) et à ses excellentes religieuses qu'il ne fallait pas forcer à signer des explications écrites dans une langue qui leur était inconnue. Sous Louis XV, après avoir pris sur les jésuites les documens impartiaux que ne me fournissaient pas les écrits des philosophistes, des jansénistes et des parlementaires, j'ai regretté vivement et profondément cette illustre, exemplaire et bien édifiante compagnie.

Je ne cesse de penser, avec même naïveté, force et conviction, que du christianisme bien entendu, et surtout de l'orthodoxie romaine qui, depuis 1788, s'est montrée si constamment favorable à notre légitimité (1), se trouvent 1.º les plus sûrs préservatifs des inconvéniens et des abus inhérens à des règles et des réunions hasardeusement constitutives, journellement représentatives, souvent incohérentes ou nuisibles.

J'ai consigné, dans plusieurs écrits et journaux du temps, mon désir et ma satisfaction de l'édit de tolérance et de justice rendu par Louis XVI en 1787; mais je fus affligé de l'exil qu'attirèrent au noble et vertueux d'Hercé, évêque de Dol (depuis l'une des royalistes et pieuses victimes immolées à Qui-

(1) C'est aux décrets au moins apparens, non du criminel usurpateur, non d'aucune combinaison humaine, mais de l'adorable Providence, que se soumettait Pie VII lors de la cérémonie par laquelle ce pieux et vénérable pontife crut préserver tant de milliers des meilleurs français ou du supplice des martyrs ou de l'infamie des apostats et régicides. Sans entamer ici des questions oiseuses ou déplacées, nous serait-il défendu de faire remarquer que depuis 1788 jusqu'à ce jour, l'ultramontanisme a bien surpassé le gallicanisme en attachement et zèle pour la religion, la nation, la royauté françaises.

beron), quelques paroles à la vérité intempestives, mais nullement condamnables dans la bouche d'un prélat à qui la présidence d'une députation régulière des états de Bretagne imposait le devoir ou donnait le droit d'exposer ses sentimens au monarque alors qualifié Très-Chrétien, titre honorable dans toutes les parties du monde connu, titre auquel ni Louis XVIII ni Charles X n'ont renoncé. J'avouerai que les excessives imprudences d'écrits, de paroles et de démarches commises à cette époque par trop de religionnaires et de philosophistes, me forcèrent de recommander à d'estimables protestans de ma connaissance particulière, entre autres à MM. Marron, Rabaud de Saint-Etienne et Boissy d'Anglas, de communiquer à leurs concitoyens de même culte la sagesse dont, à ce que je crois, le premier (devenu leur pasteur à Paris) ne s'est jamais écarté, et que les deux autres ont religieusement observée jusqu'au moment où le rapport Neckerien de décembre 1788, le Jeu de Paume de juin 1789, l'attaque de la Bastille au 14 juillet, l'orgie nocturne du 4 août, l'enlèvement du Roi le 6 octobre, enfin l'envahissement des biens de l'église décrété le *jour même des morts*, 2 novembre de la même année, les entraînèrent dans les groupes qui leur firent boire à pleine tasse de ce vin révolutionnaire dont l'un ne se dégrisa qu'en subissant la fin du Roi-Martyr, et l'autre qu'en montant à la dignité de pair. Malgré leurs écarts politiques et philosophiques, malgré même les reproches de quelques habitans de Nîmes et de Montauban, ces deux hommes étaient doués de qualités qui les auraient élevés sous un gouvernement qui aurait su les contenir et se maintenir. Tous deux, en plusieurs circonstances, ont fait preuve de courage, de talens et de justice; et tous deux ont émis un sage vote lors de l'indigne procès fait au Roi par la convention.

J'ai dit ailleurs pourquoi, dans les discussions théologiques, il me semblait convenable qu'un chrétien laïc s'appliquât à toujours parler, écrire, penser, agir, s'expliquer, même se taire, avec la prudence du serpent et la simplicité de la colombe; pourquoi surtout il aurait grand tort de violer le précepte évangélique qui nous défend de juger témérairement la conscience et la pensée de nos frères d'autre avis que le nôtre sur des points obscurs ou mal exposés; qui nous interdit les expressions injurieuses autant que les fadeurs adulatrices, et nous recommande de ne jamais limiter ni l'infaillible et redoutable justice du souverain Père, arbitre et modérateur de tout, ni son inépuisable miséricorde envers la créature intelligente et sensible. Ainsi, content de croire à la *religion* de sagesse et d'amour qui, selon sa véritable étymologie, doit resserrer tous les liens de fraternité, de concorde et de bienveillance entre tous les hommes, sous les auspices et l'adoration du père céleste et commun, je regarde la tolérance civile, purgée de toute ivraie d'insouciance ou d'indifférence, comme un écoulement, ou, si l'on veut, une conséquence de la charité chrétienne, et je ne crois pas blesser aucune des communions chrétiennes sorties ou séparées de l'église catholique, apostolique et romaine, en soumettant à cette dernière (à mes yeux la première ou la mère) ma persuasion que l'incarnation du Dieu fait homme a honoré toute l'espèce humaine ; que la participation au premier des sacremens reconnus dans mon culte, honore tous les individus qui peuvent la recevoir; que le désir d'aimer Dieu et de servir le prochain pourra tenir lieu du baptême de désir à ceux qui vivront dans une ignorance invincible de nos mystères, dogmes et vérités, et qu'enfin le sang du Dieu sauveur et fait homme a coulé pour tous nos semblables de tous les siècles, pays et climats connus et inconnus ; en sorte qu'il n'y a vraiment hors de l'église universelle que les méchans, les fous et les malintentionnés. Quel charme ravissant, quelle infinie douceur pour le Français pénétré de l'onctueuse et véridique Religion de l'Etat, même pour celui qui, sans rester dans son unité, sait encore en adopter et goûter les instructions et maximes générales et fondamentales, de ne voir dans chacun de tous les hommes non flétris qu'il rencontre qu'un frère originairement créé, comme lui-même, à l'image de Dieu, astreint aux mêmes vertus sur la terre, appelé au même tribunal infaillible et supérieur dans l'autre vie ! Dans un tel principe, devoir et sentiment de bienfaisance et de justice, trop méconnu des niveleurs soi-disant républicains, consiste la vraie, la seule égalité morale, civile et politique, sans qu'il soit nécessaire de métamorphoser l'obéissance raisonnable en servilité déshonorante, la liberté légale en licence odieuse, ni d'effacer les subordinations, ainesses, conventions, distinctions, hiérarchies, classifications nécessaires au maintien du meilleur ordre social, et répressives de l'avidité matérielle qui démonétise les valeurs honorifiques pour enlever tout contrepoids et frein à la soif et à la puissance de l'or et de l'argent.

Ce n'est pas, Messieurs, pour moi chétif, c'est pour une partie des lecteurs de mon critique et pour les miens, que je gémis de certaines plaisanteries sur les efforts d'un vieux champion de l'honneur et de la patrie pour ménager, autant que possible, le sang de ses concitoyens, de ses amis, de ses parens, de ses camarades, dans les rixes ou rencontres où le brave, devenu très-abusivement juge dans sa propre cause, risque d'aller au delà du but pour ne pas rester en deçà, et si le novice, que je crois en état de mieux faire, n'avait pas uniquement cherché la correction des phrases et des matières sérieuses qu'il s'est indécemment acharné à persiffler, il aurait vu, pag. 2 du *Sincère*

Avis de 8 pag. in-8°, cruellement délayé ou disséqué dans ses trois colonnes *in-folio*, que la poltronerie n'est pas plus favorisée que le spadassinage dans les vues d'honneur et de philantropie par lesquelles j'espère contribuer à la raréfaction du duel, en proposant les moyens de ne plus faire courir les mêmes risques au droit et au tort, aux vertus et au crime, et d'empêcher de confondre la prudence ou la douceur avec la faiblesse, l'emportement et la brutalité avec l'honneur et la délicatesse. Le chevalier sans reproche et sans peur, Bayard, qui communiait souvent avant d'aller se battre en duel, légalisé comme ceux que je propose quand l'affaire est inconciliable, a peut-être plus arrêté ou appaisé de combats, qu'il n'en a subis. Apprenons aussi, Messieurs, aux lecteurs de mon austère critique, cet éloge que des gens de lettres et gens d'épée faisaient du vaillant prince Henri de Prusse, frère du grand Frédéric : *Prince qui n'aime pas la guerre, mais qui la fait bien.*

L'envie et la moquerie, ces deux basses passions si maudites dans l'Ecriture-Sainte, peuvent être regardées commes les deux impures et premières sources de la révolution désastreuse qu'elles s'éfforcent de disculper, de ressusciter, de perpétuer. Je ne connais pas de traité à la fois plus court et plus substantiel contre l'envie, que le commentaire de Sacy, sur le Chap. XI des *Nombres*, à l'occasion de la faute passagère de Marie et d'Aaron, contre Moïse, leur frère. Notre bon La Fontaine, malgré la gaîté naïve, et par fois trop libre, et presque cynique de ses contes, a très-bien dit et pensé dans une de ses excellentes fables :

« On cherche les rieurs, et moi je les évite :
« Dieu ne créa que pour les sots,
« Les méchans diseurs de bons mots. »

Le grave Pascal, rentré dans son austérité naturelle, après la publication de ses ingénieuses *Provinciales*, non moins infidèles que satiriques, n'a pas craint de consigner cette véridique maxime dans ses profondes et sages *pensées sur la religion*: DISEURS DE BONS MOTS, MÉCHANT CARACTÈRE. On sait combien le psalmiste ou prophète royal, recommande aux hommes *de ne pas s'asseoir dans la chaire des moqueurs*. Et pour nous borner à ne parler que de deux des écrivains distingués de nos derniers jours dont nous regrettons l'un depuis quelques années et dont nous avons encore la satisfaction de posséder l'autre, on sait à quel vil taux Monsieur l'abbé de Lamerais et feu M. le comte de Mestre ont apprécié les railleries et les railleurs.

Par quel aveuglement le jeune auteur de l'article ici refuté se permet-il, après tant de *goguenarderies* sur un sujet très-

sérieux, de traiter de *goguenard* M. Colnet dont le sel attique, les connaissances et les principes ont obtenu l'estime et les suffrages de la majorité de ses lecteurs, qui n'est absolument pour rien dans les productions et les circonstances qui donnent lieu aux présentes observations, et que ni Madame de Toustain ni moi, nous n'avons jamais eu l'honneur de voir
. . . .
. . . . (1)

---

(1) *Note de l'Éditeur.* Ces deux lignes de points indiquent le retranchement de deux pages, que le compositeur allait travailler à l'instant où m'arrive un exprès de M. de Toustain-Richebourg, tombe malade, et m'annonçant que, par des convenances ou raisons particulières, il suffit que je marque le sujet d'une de ces pages, dont il m'avait communiqué le brouillon dès avant d'en envoyer une copie lisible à l'impression. Elle renfermait une justification dont il reconnaît que n'a nul besoin Mgr le cardinal-prince de Croy, contre l'espèce de reproche un peu dur que lui fait un article du même journal de Rouen du 23 novembre, où le rédacteur a bien voulu consigner la réfutation complète et polie que M. de Toustain fils, chevalier de la Légion-d'Honneur, ancien officier des armées royales et maintenant receveur-général du département de l'Eure, après l'avoir été du département d'Ille-et-Vilaine, s'est donné la peine de faire d'une folie et d'une calomnie par lesquelles on avait surpris la religion du journaliste dans le n° du 20 octobre, même année.

Mgr. le cardinal archevêque et primat de Rouen, cher à toutes les classes, et surtout aux pauvres de son vaste diocèse, n'a rien dans ses pouvoirs de grand-aumônier de France, qui le rende maître ou responsable du sort des comédiens en France ; et comme M. de Toustain père, dans ses plans de la plus forte réconciliation de tous les Français, a jeté quelques vues sur toutes les branches de l'ordre social, on y trouvera le passage dans lequel (sans blesser les rigides partisans de Nicole, de Bourdaloue, de Bossuet, même de Jean-Jacques Rousseau, contre le théâtre ou le spectacle) les considérations fortes et raisonnées, les autorités imposantes et graves, les règles ou mesures proportionnelles et très-combinées sur lesquelles le vicomte de Toustain motive et déclare ingénument et clairement son désir qu'on n'excommunie pas plus à Paris qu'à Rome, une profession quelconque, publiquement autorisée, protégée, pensionnée par le gouvernement. L'ecclectique et paradoxal Jean-Jacques ne pouvait avoir la même logique ni la même autorité que les illustres après lesquels je viens de le citer, puisqu'il accordait tant d'indulgence et même d'éloges aux bals et aux danses que ces véritables et sévères orthodoxes condamnaient également. Au surplus, mon état ne me permettant ni de fréquenter le spectacle, ni de figurer dans les réunions dansantes, ni d'agiter de si délicates questions ; tout ce que je puis formellement déclarer à ce sujet, c'est que les vues non encore imprimées de mon viel ami, l'un des vétérans de la littérature française et de nos chevaleries tant nobiliaires que militaires, par les moyens d'épurer le théâtre et de rendre la majorité de ces artistes dignes de partager la con-

Pardon, Messieurs, de fatiguer si long-temps votre patience à l'occasion d'une si fastidieuse polémique. Mon excuse est fondée, 1° sur la défense d'un prince de l'église, qui pourrait à la vérité me dire : *non tali auxilio , nec defensoribus istis Tempus eget*, mais dont vous ne me saurez pas mauvais gré de vous exposer la bonne cause; 2° sur le prix que j'attache à votre honorable suffrage. Je ne dissimule pas non plus que j'aspire à l'assentiment ou du moins à l'indulgence de plusieurs lecteurs des assertions ici corrigées, par lesquelles je me suis vu, durant quelques jours, presque incriminé dans la ci-devant capitale de notre ci-devant Normandie, sur l'étymologie de laquelle je renvoie moins au dictionnaire de Ménage, à la description de la Haute-Normandie de Duplessis, aux histoires de Rouen de Taillepied, Farin, Lecoq de Villerai, Servin, etc., qu'au *Dictionnaire Indicateur* des rues et places de cette ville, par M. Périaux, mon collègue à son académie royale, et qu'à la *Dissertation sur l'abolition du culte de Roth*, par M. le marquis le Ver, mon confrère dans l'ordre de Saint-Louis, et l'un de mes anciens successeurs aux anciens pages royaux.

Cette illustre et ancienne cité devint le refuge ou l'asyle du douzième ou treizième ascendant paternel des plus jeunes rejetons actuels de ma famille, pour lesquels mon critique est prié de me pardonner la preuve ou conservation de tels souvenirs, peut être plus présentables que ceux qu'ont osé récemment étaler certains aspirans aux candidatures des comités, clubs ou conciliabules appelés *directeurs.* Ce preux gentil-homme se trouva forcé, ainsi que ses consorts, de fuir, pour quelque temps, ses habitations ou seigneuries rurales menacées par la jacobinerie de ce temps-là qui, sous le nom de Jacquerie, partant du Beauvoisis, limitrophe de la Normandie, s'étendit avec une si funeste rapidité sur tant de provinces françaises, comme auparavant la révolte des pastoureaux sous St-Louis, comme plus anciennement, sous le duc de Normandie, au début du règne qui lui mérita les surnoms de bon et d'intrépide, le soulèvement d'un grand nombre de paysans dans plusieurs parties du duché. Vous savez, Messieurs, que ce digne fils et successeur de Richard 1er monta sur le champ à cheval, et ne tarda point à vaincre et terminer (avec le secours de la noblesse, et du comte d'Ivri son général) le soulèvement d'une certaine quantité du petit peuple d'une grande partie des campagnes et

---

sidération qu'on ne refuse pas à la minorité de ceux et celles qui brillent par l'heureux ensemble d'une belle conduite et de beaux talens. J'en dis autant de ces expédiens pour dégager la presse d'une hideuse licence, sans la replonger dans une honteuse servilité.

I. U. N.

de quelques villes ou bourgades contre leurs seigneurs, qui certes n'étaient pas tous des saints ni des sages; mais dont la très-grande pluralité se conduisait en patriarches dans ses terres ou fiefs, et en héros à la guerre. Le succès de l'armée justifia la prévoyance et l'activité du souverain : son esprit et son cœur, pénétrés d'une belle maxime d'Horace, avec lequel il se rencontrait heureusement, sans peut-être l'avoir jamais lu, lui procurèrent la satisfaction d'étouffer à sa naissance le soulèvement d'une partie des paysans de Normandie contre leurs seigneurs, dont ils n'eurent pas le temps de piller ou brûler les châteaux, de tourmenter ou massacrer les personnes. La clémence et la sagesse accompagnèrent sa fermeté, couronnèrent sa victoire et bientôt les artisans, les journaliers, les agricoles et les marchands reconnurent que la noblesse et le militaire, leurs chefs, leurs protecteurs et bienfaiteurs, ne les opprimaient point en se réservant le droit de chasse, puisque rien de plus contraire aux estimables et utiles fonctions des gens de métiers, de peine ou d'industrie, et généralement à la civilisation d'un grand peuple que la vie braconnière et presque vagabonde à laquelle plusieurs se livraient. De l'autre côté, ceux des seigneurs qui s'étaient relâchés des maximes et pratiques de justice et de modération, premières sources de la gloire de leur majorité, sentirent que toute espèce d'autorité, prérogative ou supériorité quelconque est fondée sur les services que les inférieurs et la masse de la société entière sont en droit d'en attendre; car, ainsi que je l'écrivais en 1786, dans un ouvrage sorti de presse en février 1789, les rois dont nos livres saints consacrent le caractère afin de mieux servir leurs sujets, les rois, dis-je, furent établis et choisis pour les peuples et non les peuples pour les rois. De l'aveu même de Jean-Jacques Rousseau, presqu'aussi prudent dans ses conseils aux Polonais, que délirant dans son contrat social, l'extravagant et faux système de la souveraineté populaire, si favorable à la pluralité des méchans, des sots, des intrigans, des ambitieux et des ignorans, n'est essayable ou pardonnable que dans un état dont la population totale se bornerait à cinquante mille ames, et l'étendue à 50 lieues carrées. Aussi les conseils et les baillis de la plupart des cantons de la Suisse, les congrès et les présidens des Etats-Unis (déjà divisés) d'Amérique prouvent-ils que le gouvernement de fait de ces contrées n'exécute nullement leur théorie de la domination du peuple. Au surplus le gouvernement monarchique, tel qu'on l'a vu dans les beaux jours des pieux royaumes de la Judée et de la chrétienté, n'est jamais tombé dans l'excessif arbitraire et despotisme justement reproché à la plupart des grandes royautés du paganisme, et ce gouvernement, pour lequel les anciens Grecs républicains Hérodote, Aristote, Platon et Xenophon ont marqué tant de prédilection, a reçu les plus grands éloges de nombre d'illustres français depuis l'invention de l'imprimerie, entre lesquels il suffit de citer sous les règnes de Louis XIII, de Louis XIV et de Louis XV, Duperrons, Richelieu Corneille, Arnaud, Racine, Bossuet, Fénélon, Fléchier, Massillon, Fontenelle, Fleury, Rollin, Bourdaloue, Mallebranche, Domat, Montesquieu, Duguet, D'Aguesseau, même Voltaire, avant, pendant et même peu de jours après son Ultra-Philosophisme, ainsi que Boulanger, avant et depuis sa conversion de graves erreurs au milieu desquelles il a solidement établi l'universalité du déluge et l'attente générale du grand juge.

Revenant à la monarchie si décriée, si calomniée depuis 1788 chez la nation la plus renommée par son amour et sa fidélité pour ses rois, la saine politique toujours d'accord avec la bonne morale, l'histoire et la révélation ne nous la présentent-elles pas comme l'image du gouvernement paternel d'Adam, de Noé, d'Abraham; et chez les peuples, comme dans les familles, les bons enfans ne doivent-ils pas seconder leurs pères, concourir avec eux au bonheur de la race, sans jamais tendre à leur désobéir, à les maîtriser, à les avilir et même dans le cas de cette affreuse maladie que feignirent David chez Achis et le premier Brutus chez Tarquin, ne doivent-ils pas conserver pour ces inviolables Pères le respect et les secours dont s'honora l'Angleterre sous Georges III, et auxquels manquèrent les premières autorités de la France sous Charles VI?

Telle est en général la borne et la fragilité du pauvre esprit humain que la nation la plus tranquille, la plus heureuse, même la plus sage hier, s'il arrive aujourd'hui à son chef suprême et à ses principaux directeurs comme aux jeunes conseillers de Roboam de relâcher ou changer subitement les anciens ressorts de son gouvernement et de lui donner avec d'audacieux sophismes et de faux prétextes, non pas des réformes douces et prudentes, des améliorations sagement préparées et combinées; mais des innovations graves et brusques ou des falsifications subtilement colorées de toutes les apologies, témérités et perfidies de toutes les révoltes, elle pourra devenir demain folle et malfaisante. C'est ainsi qu'aux exemples déjà tirées de l'histoire de France et dont, sans sortir de l'Europe, je trouverais les analogues dans beaucoup d'époques et de pays entr'autres chez les ballistes, les niveleurs et les indépendans en Angleterre, les anabaptistes en Allemagne, les partisans de Riégo en Espagne, et ceux du marquis de Palmela en Portugal; je pourrais encore citer chez nous les pastoureaux du 13e siècle, les maillotins et les cabochiens des 14e et 15e siècles, les gautiers et beaucoup de huguenots du 16e, et chez nos voisins (quelques années avant notre épouvantable peste révolutionnaire) une partie nombreuse des villageois de Bohême contre plusieurs grands, moyens et petits nobles, à la suite de quelques sensibles traits d'arbitraire, d'imprévoyance ou d'innovation de l'empereur Joseph II, que nos apprentis docteurs et faiseurs plus outrés en philosophisme qu'il ne l'était lui-même, appelaient tantôt *le monarque accompli*, tantôt *le despote insensé. Rustica progenies nescit habere modum.* En Prusse même où la discipline civile et militaire n'était rien moins que douce et sommeillante, il ne fallut pas moins que la prompte arrivée des troupes imposantes et nombreuses pour faire disparaître le terrible danger d'un soulèvement populaire et soldatesque, lorsque le grand Frédéric, affaissé par l'âge, les soucis, les fatigues, et gâtant ses grandes actions et qualités par une philosophie trop irréligieuse et par un penchant trop fort à l'arbitraire et au despotisme, crut faire la plus belle action du monde en donnant (malgré l'avis et les remontrances de plusieurs magistrats et jurisconsultes en réputation) gain de cause à un meunier qui avait tort, contre un gentilhomme qui (de l'aveu même du comte de Mirabeau et de M. Bitaubé, lors de leur fièvre démagogique) avait raison : le respect des propriétés doit s'étendre sur le palais d'Achaz comme sur la vigne de Naboth.

Dans la plupart des états que l'impéritie des corps et des individus administrans ont long-temps abandonnés ou livrés à l'audace des agitateurs, aussitôt que les fascinations du mensonge se dissipent assez pour laisser entrevoir au peuple les inébranlables et claires vérités qu'il est facile d'obscurcir, mais impossible d'effacer tout à fait ou d'anéantir, ce peuple indigné des manœuvres et des impostures qui l'ont abusé, séduit et corrompu, ne tarde pas à reconnaître que les prétendus régénérateurs ou libérateurs, avides intrigans et vrais jongleurs, ne sont ordinairement que des exaltés, des bouleverseurs, souvent forcés d'employer, de favoriser, de s'associer des brigands et des malfaiteurs. Une fois que de si mauvais sujets sont reconnus ou démasqués, l'admiration populaire que leur charlatanisme avait d'abord usurpée ou conquise, se réduit à la surprise qu'éprouvent ordinairement les premiers trompés et les premiers détrompés quand ils les voient s'entreregarder sans rire, étonnement dont Caton l'ancien et Cicéron ne se défendaient pas lorsqu'ils voyaient deux aruspices se rencontrer et s'aborder avec un simulacre d'importance et de gravité.

Plusieurs de vous, messieurs, ont ainsi que moi connu M. de Rulhières, academicien, militaire et diplomate, mort quelque temps avant que son digne frère, officier supérieur de la nouvelle gendarmerie, fut assassiné le 10 août 1792, à cause du franc et loyal royalisme dont ces deux bons français et bons amis honoraient leur famille et leur croix de St-Louis : or, sans approuver toutes les libertés que le premier s'était permises dans son histoire de la *Révolution de Pologne* sur le compte de la grande et majestueuse Catherine seconde, Impératrice de Russie, j'ai tâché de faire mon profit de ce vers du poëme de l'aîné des Rulhières sur *les disputes* :

Qui dispute a raison, mais qui dispute a tort.

Pénétré de cette vérité, j'aurais glissé plus légèrement sur l'espèce de controverse dont je prends la liberté de vous choisir pour juges, si je n'avais cru bonnement y trouver et saisir l'occasion de me conformer au précepte à la fois évangélique et chevaleresque de rendre le bien pour le mal, en opposant à des erreurs qui me paraissent funestes ou dangereuses les exactitudes qui me semblent évidentes et salutaires.

Ainsi, Messieurs, devant vous et devant la petite portioncule du public qui peut être me lira, je promets que malgré la mauvaise foi, les préjugés, le pédantisme et l'obstination qui portent les trop nombreux écrivains de l'âge de mon provocateur à se croire en droit de reprocher à tort et à travers, ou de supposer indistinctement à tant d'hommes du mien, (tous bien reconnus par moi pour mes très-supérieurs) les travers et les défauts dont les sages veillards voudraient préserver une jeunesse plus ardente qu'éclairée, plus audacieuse qu'expérimentée, plus tranchante et plus impétueuse que réfléchissante et modeste, je serai très-reconnaissant des conseils qu'il pourrait me donner encore pourvu qu'ils ayent un style, un ton plus convenable, des motifs et des fondemens plus solides, des conclusions et des résultats plus instructifs et plus utiles que ceux de la précédente diatribe. Je ne l'offense certainement pas en le croyant en état de s'exprimer de manière à ce que ses amis et les miens n'éprouvent aucune répugnance à faire la lecture ou l'examen de ce qu'il voudra bien m'adresser.

Je ne suis nullement ennemi d'une hilarité spirituelle et d'une liberté décente ; mais je plaindrais le confrère en littérature qui retomberait dans le tort malicieux de me faire bavarder et déraisonner, sur des matières extrêmement graves, à la manière de *Petit-Jean* et de *l'Intimé* dans les *Plaideurs* de Racine. Jamais peut-être les grands noms de César, d'Alexandre et de Cyrus n'ont été plus à propos mentionnés que dans ce passage de la page 4 qu'il a plu au jeune Aristarque de juger avec tant de bouffonnerie et de légèreté (1).

---

(1) *Note de l'éditeur.* L'auteur de l'article, soit offensif, soit étourdi du 20 octobre 1829, regrette l'imperceptible achat de la demi-feuille dont un exemplaire fut porté gratis au bureau du journal le jour où le

Quand au *Puits Samaritain*, de la même page, je lui souhaite comme à moi-même quelque gouttes de cette eau jaillisante, vivifiante et purifiante, plus salutaire que les hypocrennes de tous les Hélicons du libéralisme, de ces eaux que le plus parfait des maîtres promettait à la femme qui sût écouter et comprendre ces divines paroles ; *si vous connaissiez le don de Dieu* !

Comme la malignité passagère d'une saillie de l'esprit n'est pas toujours incompatible avec la droiture et la bonté réelle du cœur, j'aime à croire que mon jeune agresseur s'est déjà repenti de m'avoir aussi grossièrement qu'injustement accusé d'avoir écrit pour de l'argent. Cette folle et ridicule insinuation n'est pas mieux fondée que ne le serait l'injurieuse inculpation de n'avoir que des vues d'ambition ou d'avidité dans le zèle et le dévouement patriotique qui, malgré mon grand âge, mes malheurs et mes infirmités, m'empêcheraient de refuser la députation gratuite, onéreuse et fatigante à laquelle j'eus autrefois le droit de concourir, si mes concitoyens avaient conservé le pouvoir et la volonté de me nommer depuis la sup-

---

lendemain de l'impression de cet article, que peut-être il aurait modifié si le goût momentané de la causticité ne l'eût emporté chez lui sur le plaisir durable de se montrer fidèle aux règles de la justice et de la bienséance ; on aurait même pu lui donner quelques épreuves de la brochure, qui ne sortira peut-être entièrement de la presse que pour faire gémir son bénévole et probe auteur. Il y aurait vu que l'homme du destin devait plutôt témoigner sa reconnaissance à l'homme de la légitimité, que d'en exiger de ce même homme, qui loin de se montrer vindicatif et rancunier des mauvaises dispositions du Corse à son égard, avait osé tenter de le détourner de la route de la fausse gloire pour le remettre dans le sentier de la véritable. Les généreuses tentatives de M. de Toustain ne furent payées que d'ingratitude ; mais le coupable se punit lui-même en s'obstinant à faire fausse route au grand galop et le mors aux dents jusqu'au moment où, perdant la tête, il se précipita dans l'abîme où malheureusement furent entraînés tant de milliers de Français, meilleurs et plus regrettables que ne le seraient ces faux amis de la Charte annonçant assez leur grand désir et leur véritable but pour ne plus faire de dupes, car ils s'efforcent tous les jours d'en retrancher la religion, la royauté, les ministres du culte, la noblesse etc. Ne ressemblent-ils pas sur ce point à ceux de nos frères séparés qui se prétendent encore très-catholiques après avoir rompu scandaleusement avec le pontife, successeur de St-Pierre, et renié ou rejeté les pratiques, dogmes et rites ou cérémonies de l'église romaine, dont l'église appelée gallicane n'est qu'une branche orthodoxe pour qui sait la connaître, l'aimer et la défendre. Aussi l'adjectif uniquement désignatif d'une des grandes nations ou localités au sein desquelles nous voyons cette église exercer une domination maternelle, n'est-il pris quelquefois en mauvaise part que pour empêcher qu'on n'en forme un titre de dissidence politique ou théologique.   I U. N.

pression d'éligibilité dont il a plu à S. M. Louis XVIII de frapper les 49 cinquantièmes de sa bourgeoisie, les 39 quarantièmes de sa noblesse, les 59 soixantièmes de son clergé.

Mais n'anticipons pas sur les moyens curatifs dont l'exposition, soumise à la sagesse et à l'indulgence d'un Roi qui sait tenir son sceptre, prouverait mon désir soutenu de servir S. M. et mes concitoyens jusqu'à mon dernier soupir.

Ce qui se passe et se dit au moment où j'écris ces lignes, me console des accidens et retards qui me permettent de les interpeller dans cette légère publication.

Déjà la trompette guerrière sonne aux oreilles de la belliqueuse jeunesse française comme à celles du vieux soldat qui voudrait, comme le Camoëns, accompagner et chanter nos modernes Renaud combattant, châtiant et convertissant ou civilisant les modernes Sarrasins: ô serais-je tenté de dire avec le vieux Evandre,

O mihi preteritos referet Jupiter annos!

Comme je courais encore à Toulon (où je n'ai pas remis les pieds depuis octobre 1789) ainsi que je le fis jadis au Havre en 1759, à Brest en 1778, à Granville et à St-Malo en 1779, pour offrir le dégagement d'un soldat de l'embarquement (1) et m'y substituer en qualité de volontaire au moins pendant la campagne. Je pensais dès lors, comme je pense encore aujourd'hui, que tout est noble à la guerre depuis la giberne de la recrue jusqu'au bâton de maréchal, depuis la table du général jusqu'à la gamelle du matelot ou fantassin. En 1759 mon dévouement à ma patrie pour *gagner mes épérons* (selon l'exemple et l'expression de nos ascendans) je ne me prévalais pas de mon titre héréditaire ou patrimonial d'écuyer ou de chevalier. (2)

---

(1) Toutes ces expéditions auxquelles j'avais obtenu (avec des peines incroyables) la permission de me joindre à mes dépens, furent manquées, la 1re par l'échec naval du 21 novembre 1759 aux parages de Bellisle, les 2 autres par le retard de l'escadre espagnole et par la rentrée de la nôtre à Brest où la jonction se fit trop attendre.

(2) Personne plus que moi n'honore les talens, les exploits, toutes les illustrations et récompenses du feu Maréchal de Gouvion, mort depuis l'envoi de cette lettre et surtout sa fidelité pendant le siècle des cent mauvais jours, mais la véracité due à mon Roi et à ma patrie me forcent de constater mes sincères hommages à sa mémoire par la présente note, où, sans avoir encore eu l'honneur de voir personne de sa parenté, je consigne mon grand regret de ce qu'un homme d'aussi grand mérite ait fléchi devant les petites habitudes, jalousies, déclamations et passions révolutionnaires, lorsque M. le vicomte de Châteaubriand (manifestant alors, avec l'éloquence qui me manque, des principes et des sentimens aussi conformes aux miens que ses lumières et sa gloire

En 1778 et 1779, je ne me prévalais pas non plus du grade supérieur qui m'avait été confié dès juin 1774 lorsque j'étais

étaient supérieures à ma faiblesse et à mon obscurité) lui démontrait à la chambre des pairs, que dans un grand état quelconque et surtout dans une monarchie vaste, antique, légitime, constitutionnelle et tempérée, le nivellement des rangs, des conditions, des familles et des individus serait presque toujours agréable tant au despotisme arbitraire qu'au démocratisme brutal, énivrant et turbulant, mais que le ministre habile et bien intentionné d'un Roi de France qui n'a pas renoncé au glorieux titre ou surnom de *très-chrétien*, doit toujours fortifier et jamais ne relâcher la digue des théories populaires, dont l'impossible et dangereuse tentative et pratique (toujours funeste à la liberté légale ou sociale) est prouvée par l'histoire et par le raisonnement, ne produire que des dangers, des inconvéniens, des malheurs et des crimes pour les peuples et pour les Rois.

Au brave Maréchal Gouvion lui-même dont la mort a devancé l'achèvement de l'impression de ma brochure, j'aurais pris la liberté de soumettre mes idées sur la rectification du système, à mes yeux très-erroné, par lequel il a très-involontairement porté rude atteinte à l'harmonie, classification, décence, urbanité, subordination sociale lorsqu'il crut devoir s'entêter à mettre au même rang du tirage à la milice, les fils de palfreniers, goujats et vidangeurs, avec ceux des chevaliers, écuyers et des notables bourgeois, fonctionnaires et propriétaires.

Grands citoyens de la fausse république qui saviez enjamber si modestement sur tous les degrés intermédiaires pour vous exhausser rapidement, comme des Algériens et des sauvages, des plus bas étages aux plus hautes sommités de l'état social, renoncez à l'impudence qui démasque votre hypocrisie, et dévoile votre prétention d'ôter au souverain le pouvoir d'accorder une sous-lieutenance de début aux jeunes aspirans de la noblesse de toute nuance, depuis la plus splendide jusqu'à la plus obscure, s'il n'a pas été placé d'abord dans une école polytechnique, ou s'il ne consent pas à perdre les fruits précieux d'une belle ou passable éducation dans quatre années de gamelle ou de caserne.

J'ai clairement réfuté quelque part une des erreurs de madame Campan, quand elle avançait que la noblesse ne tendait qu'à exclure le tiers-état de tous les honneurs, et je crois avoir prouvé que cette noblesse si mal traitée, si calomniée, s'était toujours félicitée de recevoir parmi ses consorts, collègues et confrères, les hommes de grand service et mérite qu'il plaisait aux rois d'adjoindre ou d'incorporer à cet ordre illustre et fidèle qui, de même que le vénérable clergé tant régulier que séculier (recruté dans les deux autres ordres), ne s'attendait pas à l'impolitique espèce de suppression dont le roi les a surpris et frappés à son retour, peut être encore plus désiré par eux que par les autres classes.

Je crois avoir aussi trouvé le moyen de suppléer authentiquement et suffisamment à la perte ou destruction plus que vandalique de tant de titres, de greffes, de dépôts ou chartriers tant publics que particuliers, sans favoriser la fraude et sans vexer le bon droit. Parmi ceux qui me condamneront avant de m'avoir lu, comme ils ont condamné les ministres du choix libre et constitutionnel du Roi avant de pouvoir connaitre leurs opérations, leurs vues et leur plan, se trouveront peut être des depuis environ cinq ans, capitaine d'une compagnie de carabiniers dans la 1re brigade de ce corps d'élite; après avoir été, dès l'âge de 13 ans, volontaire au camp de la côte de Sanvic près du Havre sous les ordres de mon père, puis successivement page du Roi, sous-lieutenant à la suite, sous-lieutenant en pied, et capitaine de cavalerie dans un des régimens qui tantôt sous mon nom, tantôt sous des noms de province, avaient été donnés à d'honorables rejetons de ma famille sous tous les rois consécutifs depuis la minorité de Louis XIII jusques et compris Louis XVIII qui m'adressa quelques fois la parole, depuis mon début du 23 janvier 1786 dans les carosses de S. M. Louis XVI et qui fit maréchal de camp, en 1823, le marquis de Toustain d'Ecrennes, colonel du 45e rég^t. d'inf. de ligne, fils d'un des lieutenans-généraux de mon nom et mort en 1829 sous le règne de Charles X, étant commandant du département du Jura. Hélas! il était plus en position que moi d'approcher de temps en temps la personne sacrée de notre Roi chéri, celle de nos augustes princes et princesses du sang royal, et de faire goûter aux principaux ministres, généraux et magistrats, les moyens 1° de faire tomber les scandaleuses manœuvres, cabales, intrigues électorales, sans gêner la confiance ou la liberté des élections; 2° de procurer à la noblesse française et au clergé la restauration modeste et suffisante, dont seront très-contens ces deux ci-devant ordres accoutumés aux sacrifices patriotiques. Cette restauration, vraiment conforme à l'esprit de la Charte ainsi qu'aux volontés manifestes du monarque qui l'a volontairement octroyée, s'accorde avec les vrais intérêts, honneurs, droits et désirs de la grande majorité des esprits éclairés, équitables et judicieux qu'on a la satisfaction de rencontrer encore dans toutes les classes de la nation française.

Afin de concilier un inviolable amour et respect de la vérité, de la patrie et de l'humanité avec les ménagemens que s'entre-doivent tous les français bien intentionnés, quelle que soit la ressemblance ou la différence de leurs opinions, je m'abstiendrai, messieurs, de présenter ici les explications et remarques nées de la force des impérieuses et diverses circonstances, et dont il est vraisemblable que vous trouverez suffisamment de preuves et de justification dans l'opuscule dont

---

esprits qui pourront approuver, sentir et défendre le ton de vérité, d'obligeance, de justice et de bienveillance, par lequel on pourrait concilier quelques procès généalogiques, aussi désagréables aux gagnans qu'aux perdans, par lequel on préserverait des écrivains, tels que MM. de Châteauneuf, le défunt abbé Roques, Montgaillard et quelques autres de l'injuste manie d'attaquer les plus antiques et plus respectables noms de la noblesse française. En ce genre, comme en beaucoup d'autres, suivons la vérité pure et repoussons également et la satire et la flatterie.

(XVIII)

la publication n'est retardée que par les très-bizarres obstacles sur lesquels il me suffit aujourd'hui que, malgré la part que je n'y peux refuser à quelques personnes de..............
....
(*Parenthèse de l'éditeur.*) Ces deux lignes de points indiquent une lacune causée par la perte de quelques lignes manuscrites que M. de Toustain ne peut me renvoyer à cause de quelques-unes de ses courses et de ses affaires.............. I. U. N.)
....

Ainsi, messieurs, je termine ici le très-long bavardage et griffonnage par lequel j'ai voulu m'éclairer de vos lumières et m'appuyer de vos secours, de manière à vous rendre pardonnable ou supportable l'ennui que j'ai peut-être eu la maladresse et le malheur de vous causer.

Je ne me permettrai, messieurs, d'ajouter à mon épitre, en guise et forme de *Post Scriptum*, que trois courts articles analogues aux impérieuses circonstances qui semblent justifier ma réponse au journal de Rouen, et qui dans le moment où je finis cette lettre, paraissent devenir encore plus urgentes.

Agréez avec bonté ma véracité, ma confiance et surtout le respect avec lequel je suis,

Messieurs, votre très-humble et très-obéissant serviteur et confrère, l'ex-pensionnaire de l'Etat, toujours zélé pour sa patrie et son Roi,

Le vicomte de TOUSTAIN-RICHEBOURG, otage et volontaire royal, ancien Commissaire des Etats de Bretagne.

EXTRAIT DU JOURNAL DE ROUEN,

Du 23 novembre 1829, colonnes 7 et 8, n° 328.

AU RÉDACTEUR.

Evreux, 21 novembre 1829.

Monsieur,

Il y a peu de jours qu'à mon retour d'une absence obligée, j'appris que j'avais été traduit devant le public dans votre numéro du 20 octobre dernier, et aujourd'hui seulement j'ai pu m'en procurer un exemplaire.

Il y aurait peut-être quelque chose à dire, dans l'intérêt de la liberté de la presse, sur le scrupule que devraient mettre ses amis à toucher ce qui n'appartient qu'à la vie privée des citoyens ; mais déjà honteux d'occuper vos lecteurs de ce qui me concerne, surtout avec la certitude qu'ils ont oublié depuis long-temps ce sujet, je me renfermerai dans les dénégations précises que la bizarre fausseté des faits rapportés à mon égard me semble nécessiter impérieusement.

1º Ce n'est ni de l'Octroi, où je n'ai jamais été employé, ni de la Barrière, où je n'ai jamais été commis, que je suis sorti pour être receveur-général. J'étais alors à l'administration générale des Droits-Réunis avec un grade supérieur. Bien loin de désavouer mon noviciat, je m'en félicite, car j'y trouvai les plus estimables collaborateurs dont je me rappelle encore avec reconnaissance, et les encouragemens bienveillans qui adoucissaient les malheurs dont la crise révolutionnaire m'avait frappé, et les exemples et conseils qui font que je n'ai peut-être pas été tout-à-fait indigne des fonctions diverses qui m'ont été confiées (1).

2º Ma nomination à la recette-générale de Rennes eut lieu sur la présentation du Ministre des finances, d'après les notes de M. le conseiller-d'état Français de Nantes, qui m'honorait d'un vif intérêt, et si j'ai eu le hasard du succès sur d'autres candidats non moins aptes et non moins appuyés, toujours est-il que je ne suis parvenu que par la voie de la hiérarchie administrative.

3º Je n'ai jamais vu Napoléon autre part que dans les revues et les fêtes publiques; il n'a donc pu me parler, et certes je n'étais pas assez important pour qu'il s'enquît de ma personne.

---

(1) NOTE DE L'ÉDITEUR. — Lorsque la France devint, pour un si grand nombre de ses meilleurs citoyens, le pays de *sauve qui peut* ou *qui pourra*, M. Tobie de Toustain, dans son changement subit et forcé d'état et de profession, se trouva des supérieurs qu'il avait commandés, et des inférieurs qui avaient été ses chefs, ou ses généraux et dont quelques-uns nés comme son père, sa mère et lui d'ancienne noblesse paternelle et maternelle avaient encore eu, comme son père, l'honneur de chasser et de manger avec le Roi. Dans le plus fort des violences, injustices et captivités imposées au nom de la liberté, au milieu des plus grotesques transpositions de rang, de titres, d'honneurs, de décorations et de dignités commises au nom de l'égalité, ce digne beau-frère de l'ambassadrice, comtesse de Caraman, et digne fils du vicomte de Toustain, n'a rien perdu de la conduite et des sentimens qui doivent préserver un gentil-homme de se laisser infatuer par des momens de bonheur, ou de se laisser avilir par de cruelles épreuves d'une longue adversité.

Ainsi, j'espère que le critique rouennais cessera d'ajouter foi aux écrivains menteurs qui, transvertissant ou caricaturant la vie patriarchale des anciennes races de seigneurs, hauts justiciers et même de la plupart des gentils-hommes fixés à la campagne sur de petits fiefs ou même sur des domaines ou propriétés sans vassaux, les peignent comme les tyrans et les fléaux des populations tant agricoles qu'industrielles dont ils étaient généralement les bienfaiteurs et les vivificateurs.

J'observe encore que cette ombre de polémique n'aurait pas eu lieu, si le critique s'était donné le temps d'attendre ce projet d'annonce que je me proposais, le 19 octobre, de soumettre au journal de Rouen, ne me doutant pas que son article du 20 préviendrait celui qui va suivre immédiatement sous le titre : *Sincère Avis*, etc.

(xx)

Quant au cautionnement, au lieu de l'avoir reçu, mes souvenirs me rappellent encore les difficultés de trouver de l'argent à cette époque, et les angoisses avec lesquelles il fallut consentir à donner, pour celui qui m'était prêté, un intérêt triple et par fois quadruple du taux qui nous est accordé par le trésor. Voilà, monsieur, une histoire bien simple, disons-le, bien terne, en comparaison de la scène dramatique qui a pu amuser vos abonnés; mais c'est la vérité, et à ce titre, je ne doute pas que vous ne m'en accordiez l'insertion dans un de vos plus prochains numéros, en même-temps que j'espère le pardon de vos lecteurs pour l'ennui que j'ai pu leur causer.

Agréez, etc.,

DE TOUSTAIN,

Receveur-Général des finances de l'Eure.

SINCÈRE AVIS, etc.

HAVRE,

CHEZ CHAPELLE, LIBRAIRE,

Avec une épigraphe latine et cette inscription de son auteur, M. le colonel, vicomte de TOUSTAIN-RICHEBOURG.

« Détournez, ô mon Dieu ! tout sinistre présage
« D'un peuple brave et doux qu'on veut rendre sauvage !

Cette demi-feuille de 8 pages in-8° forme une espèce d'annonce succinte et raisonnée d'un ouvrage considérable sur les hautes matières de la société religieuse, politique, civile, militaire et morale : l'auteur se propose d'y soumettre au gouvernement et au public les plans et moyens qui lui paraissent à la fois doux, efficaces et légitimes pour bannir, sans violence, l'esprit de chicane et de parti du cœur de la France, et pour n'y laisser régner que l'esprit de concorde et de patrie ; son noble but est d'assurer à la charte sans la critiquer, l'aduler, ni la changer, une marche et consolidation chrétienne, royale, nationale, toujours loyale, et cela de la manière la plus satisfaisante pour la pluralité des bons esprits que la divine providence daigne encore accorder à toutes les classes de la monarchie française. L'auteur, qui n'a jamais varié dans ses principes sur les droits de la légitimité, ni gâté sa candeur par aucune personnalité choquante, désire qu'on ne le juge qu'après l'avoir lu. C'est des conseils et corrections de concitoyens, plus influens et plus éclairés que lui, qu'il attend de son travail un resultat agréable à son Roi, utile à son pays en particulier, salutaire à l'humanité en général. Il croit avoir écrit sans prévention, sans tiédeur, sans présomption, sans fiel et sans détour.

LETTRE A M. CORBIÈRE, RÉDACTEUR, ET M. FAURE, IMPRIMEUR DU *JOURNAL DU HAVRE*, TOUS DEUX MES COMPATRIOTES, D'ABORD EN GÉNÉRAL COMME FRANÇAIS, PUIS EN PARTICULIER LE PREMIER COMME BRETON, LE SECOND COMME NORMAND, AINSI QUE L'ÉTAIT A LA FOIS DES DEUX MANIÈRES LE BRAVE MARIN BISSON, AU MONUMENT DUQUEL JE ME SUIS EMPRESSÉ DE SOUSCRIRE A L'HOTEL DE LA MUNICIPALITÉ DU HAVRE, ET QUI NAQUIT EN BRETAGNE D'UN PÈRE NORMAND.

Chers concitoyens zélés de notre belle patrie, et co-sujets fidèles de notre bien-aimé Roi,

Je vous remercie de l'article dont vous avez honoré mon SINCÈRE AVIS dans votre feuille du n° 1808, et de la date des 1er et 2 novembre 1829. Vous m'y donnez la plus flatteuse des louanges en me prouvant une cordiale bienveillance par cette assertion, plus encourageante qu'exacte, qu'*avec des opinions exagérées* ma conduite a toujours été *respectable*, et que dans une carrière avancée, même sous mes *nombreuses métamorphoses dans les régions de la politique*, je n'ai pu compter *un seul ennemi*. Certes, messieurs, je pense avec vous que cet *éloge là* vaut bien un panégirique littéraire. Mais, sans faire étalage d'une modestie que des lecteurs malévoles (comme il s'en trouve tant aujourd'hui) taxeraient d'affectation, la justice, la reconnaissance et la vérité m'imposent l'obligation de vous présenter quelques éclaircissemens.

1° Mes *opinions* que vous dites *exagérées*, furent incriminées de *modérantisme* par les adorateurs du *Dieu* Marat qu'ils faisaient succéder au *Dieu* Voltaire, lequel (soit dit en passant) se serait indigné de se voir ainsi *codéifié*. Je pense même qu'il se serait aussi publiquement et sérieusement converti que son admirateur et disciple La Harpe, et je ne doute pas qu'il eût rejeté l'encens de ses dévots jacobins, s'il avait assez vécu pour voir l'excès du mal qu'ils ont fait.

2° Relativement aux agitations, infortunes, innovations, injustices, absurdités survenues en France depuis environ l'année 1787, la providence, en compensation de longues et cruelles épreuves, a daigné rendre invariables la forme et le fond de mon caractère, de ma conduite, de mes actions, de mes écrits, paroles, sentimens et pensées, et cela de manière que mon camarade aux pages, le vicomte de Damas-Crux, ancien capitaine de dragons, et mon plus ancien camarade de collége, le célèbre magistrat et député Duval-d'Epremenil, voulurent que je les laissasse orner mon portrait, le premier de cette devise; *in variis numquam varius*, le second, de celle-ci : *amicus et in adversis*.

Vous me forcez, messieurs, à ces aveux ou détails en m'alléguant je ne sais quels *déguisemens* que vous appelez des *métamorphoses*..

Je crois de bonne foi que ces idées et sentimens, toujours conformes à la plus entière liberté sociale, raisonnable et possible, comme à la plus grande tranquillité externe et interne, n'ont pas encore subi d'affaiblissement ou de variation dans ma tête et dans mon cœur, quoique la force des événemens et des circonstances m'ait suggéré, de 1788 au printemps de 1830, quelques modifications indispensables et convenables, uniquement sur quelques parties de détail et de pratique, nullement sur les principes généraux et fondamentaux auxquels les plus sûrs et les plus inébranlables affermissemens et sanctions sont données par l'église catholique, apostolique et romaine, constituant la religion de l'Etat et protégeant par une tolérance humaine, purement civile et chrétiennement charitable, tous ceux des autres cultes aspirans à s'établir chez un certain nombre d'habitans du Royaume, surtout quand ils sont exempts des horreurs ou même de l'apparence, soit de cruauté, soit d'obscénité........................Pour remplir l'impossible tâche dont je viens de parler, c'est-à-dire, pour faire l'examen approfondi de ces milliers de cahiers ou de volumes en tant de langues, de caractères et de contrées, il faudrait avoir plus que les cent yeux d'Argus, plus que la sagesse et les connaissances de Salomon, dans son bon temps, plus que les richesses des Crésus et les années de Mathusalem, plus que la patience de Job, plus enfin que la science, l'aptitude et l'application de toutes les Académies, depuis celles d'Athènes, d'Alexandrie, de Rome, de Paris, de Londres, de Pétersbourg et de Berlin, jusqu'aux moindres sociétés littéraires.

Je suis bien sûr, chers émules et confrères dans le goût, l'étude et la recherche de toutes les vérités inhérentes à tant de genres utiles, qu'au nom de Mathusalem, le plus vivace de nos premiers patriarches, vous ne répéterez pas la dédaigneuse et persiflante exclamation que me lance un jeune débutant ou novice en littérature, à l'occasion de ma naïve citation des trois grands hommes de l'antiquité, dont l'histoire incontestable et non contestée sur les principaux traits, résultats et personnages, n'a rien de plus solide et de mieux prouvé que certaines narrations de l'Ecriture-Sainte et de l'histoire moderne, indignement défigurées, travesties et caricaturées...

En relevant, messieurs, le mot *métamorphoses*, afin d'éviter jusqu'à l'ombre d'une amphibologie désagréable pour vous et pour moi, je suis loin de vouloir manquer, soit à vous, soit aux personnes de votre connaissance, en supposant, contre toute apparence et toute vérité, qu'elles ou vous puissiez avoir eu la velléité de m'appliquer ce terme comme synonyme de *girouetterie*, *versalité*, *palinodie*.

Toutes les personnes à qui mon obscure et laborieuse végétation n'est pas inconnue, s'empresseraient de répondre à mes aveugles et fanatiques détracteurs, qu'en cédant quelquefois par tolérance et fraternité sur quelques points de forme de nulle ou très-légère importance, je n'ai jamais dévié du fond et très-essentiel des hautes et délicates matières que le gouvernement eut l'imprévoyance ou la légèreté de laisser traiter trop publiquement dès environ 1787. A cette époque, où dans les intervalles des services militaires, je m'étais souvent exercé dans les discussions et les comités ou commissions d'une assemblée mémorable d'Etats provinciaux où j'avais séance et voix délibérative; le zèle du bien public m'entraîna, tant à Paris qu'à la cour, dans les rangs des vrais défenseurs de la tranquillité, de l'honneur, des intérêts et des droits de la France, de son chef suprême, de ses corporations, de ses classes, de ses familles, de ses lois, de ses aptitudes et de ses mœurs.

Mais ce n'est pas de moi que je dois et veux ici vous entretenir; et cependant, messieurs, tout en mutilant ce griffonnage pour en accélérer la fin et vous en envoyer la totalité, dès que la typographie l'aura rendu lisible, je crois à propos de vous avertir de mon intention d'en rétablir sur quelques autres pages les passages, peut être intéressans et curieux que la force irrésistible de certaines circonstances impérieuses me force ou de supprimer ou du moins de suspendre jusqu'à ce que je parvienne à lever les obstacles inconcevables, inouis et bizarres qui, depuis environ trois années, retardent la publication de mon opuscule, à la fois naïf, ardent et réservé sur de très-hautes matières politiques et religieuses, notamment sur les moyens non violens et selon moi très-praticables, d'accorder ou réconcilier fraternellement la majorité raisonnable des Français de toutes classes et de toute considération.

Si les idées que je tâcherai de présenter dans mes vues ou propositions, dans le langage d'un véritable ami de la paix, de la concorde, de la justice et de l'humanité; dans le langage d'un chrétien toujours attentif à marcher d'un pas ferme sur la bonne voie à distance égale des ornières profondes et bour-

(xxiv)

beuses de l'intolérance civile et de l'indifférence spéculative ; Si, dis-je, contre mes efforts, mon désir et mes espérances, ces idées n'étaient mises par des juges compétens qu'au niveau des rêveries des Atlantes, des Utopies, des Salentes anciennes et modernes, toujours seraient-elles exemptes du soupçon de ressembler au charlatanisme et aux cupidités de l'intrigue, aux astuces et témérités de l'ambition démesurée, aux froideurs ou à l'apathie de l'égoisme.

Elles seraient même de nature à satisfaire quelque lecteur bénévole, peut-être même à produire un jour sous la direction de quelque homme d'état, rempli de ma bonne volonté, mais plus éclairé et plus influent que moi, des combinaisons même des opérations avantageuses pour diverses nations, entre lesquelles il m'est bien naturel et bien permis, sans en offenser aucune, de désirer la préférence ou la priorité pour la mienne.

En attendant, Messieurs, unissons nos vœux et nos prières pour obtenir les bénédictions divines sur la juste et magnanime expédition qui ne tend pas à exterminer, mais à corriger et civiliser des barbaresques, horriblement barbares. Demandons au Ciel qu'à la suite du dévergondage révolutionnaire propre à faire craindre que beaucoup de nos concitoyens, égarés ou fascinés, ne voient la légitimité que dans la révolte, il ne se rencontre plus dans notre belle patrie, une autre sorte d'Algériens pires que ceux de la côte africaine.

Pour ne pas céder à la tentation de parler sévèrement de quelques hommes dont j'espère le retour aux bons principes je me contente de renvoyer sur ce sujet aux articles sur Alger dans l'Universel du 9 mai, dans la Gazette de France du 20 et dans plusieurs numéros de la Quotidienne.

O mon Dieu! puissions nous aussi voir certaine majorité *déplorable* d'autres français qui nous sont toujours chers sous le triple rapport de l'humanité, du patriotisme et du christianisme, abjurer le faux système qui rendit involontairement et scandaleusement suicide la partie de notre représentation nationale qu'on vit s'oublier jusqu'à dire, en face, à son Roi quelle ne voudrait pas concourir à ses projets paternels de nécessaires et grandes améliorations générales. Mais n'ayant aucune compétence ni fantaisie de juger aucun corps, ni même aucun des individus marquant dans les trente qui décidèrent la majorité des environ 200 ardens à s'acharner dans les contrepoids des idées, sentimens, engagemens et principes de la constitution, monarchique et chrétienne jurée par eux, tant au Roi qui la leur octroya, qu'à son auguste frère et successeur, je cesse ici toute ombre de controverse entre les agitateurs et les défenseurs de la France pour ne plus m'occuper que de la juste, sublime et salutaire opération, vraiment française, qui tourne sur mon pays les regards de l'univers connu.

À ce sujet, Messieurs, nous adresserons au Ciel et nos vœux de Français et de chrétien, et nous les offrirons au moins mentalement à chaque nœud que fileront les nefs qui portent nos braves et chers concitoyens; et vous illustrerez vos feuilles en les saupoudrant du contre-poison nécessaire aux auteurs, lecteurs et fauteurs des sophismes, des mensonges et des agitations, qui semblent ne s'attacher tantôt qu'à tromper, mécontenter, irriter, diviser, corrompre et soulever la nation, tantôt qu'à dégrader le culte, le trône et la légitimité.

Vous ne serez jamais de ceux qui (1) maudissent comme un jour *nefaste*, cette glorieuse, libératrice et décisive journée de Waterloo qui sauva la civilisation européenne et chrétienne.

Voguez citadelles flottantes; partez armées chères et sacrées, couvertes des boucliers, des cuirasses et du rempart de la piété, de la valeur et de toutes les vertus; arrivez gloires et forces de la France, arrivez avec l'espérance des bénédictions du ciel, comme avec l'assurance de l'intérêt et des vœux de tous les cœurs humains et français; au nom desquels un Monarque bien-aimé vous a chargés de porter la lumière, le bonheur et la consolation chez des peuplades encore écrasées sous le joug ou le poids vil et pesant des passions haineuses et féroces, stupides, avides et serviles, superstitieuses et sanguinaires. Songez que leur religion, qui n'est en partie qu'altération, plagiat et défigurement de la nôtre, pourrait encore les disposer à en recevoir la preuve que tous les hommes s'entredoivent bienveillance, concorde et secours, jamais aversion, jalousie, ni mépris; le tout avec le discernement juste autant que possible entre les bons, les médiocres et les méchans, sur tous lesquels l'infini, l'éternel, le tout-puissant, tout miséricordieux et tout sage auteur, arbitre, juge, maître et modérateur de tout, exerce son ineffable surveillance, comme il fait briller son soleil, sur les plus beaux et sur les plus vastes effets de la nature et de l'art, ainsi que sur les plus imperceptibles, les plus indifférens, les plus répugnans à notre manière de sentir et de voir.

Et vous les quatre nouveaux fils Aymon, dont les faits d'armes seront plus réels que ceux des quatre anciens, vos têtes vont s'orner d'un quadruple laurier resplendissant comme ceux de votre illustre père, déjà renommé par ses héroïques actions et campagnes, avant de l'être par l'ensemble de fidélité, de courage et de prudence qui lui procura l'honneur et le bonheur d'échapper aux chaînes, aux pièges, aux tentes de

---

(1) Il y a plus de pamphlétaires et de chansonniers que de journalistes parmi le trop grand nombre de déchus ou d'égarés que cette phrase regarde.

Waterloo, puis d'arriver sain et sauf avec deux fidèles aides-de-camp, à l'asile royal de Gand.

Par quelle fatalité, ceux-mêmes qui ont mis la légitimité du côté de Louis XVIII, et l'usurpation du côté de l'abdicateur parjure, ont-ils donné les couleurs et le nom de trahison à la fidélité de ces trois braves, employés et nommés par le roi, parce qu'ils ont abandonné le général perfide qui livrait au revenant de l'Ile d'Elbe sa personne et son armée ?

O si mon rustique hermitage ou castel avait été aussi près de Toulon que du Havre, avec quelle ardeur et quel empressement j'aurais fait une démarche française auprès de mon cher breton Corbière, ancien officier de notre brave marine, et de mon cher normand Faure qui saura soutenir la noblesse dont il jouit au troisième dégré, par la munificence et la justice royales qui n'ont pas méconnu le noble vote et la généreuse allocution de son aïeul au Pandémonium de 1793 !

Cette chevaleresque démarche eut consisté dans une amicale et pressante invitation de ne pas dédaigner ma compagnie, et de solliciter ensemble, au Havre, notre vaillant général baron Rouelle et notre brave commandant comte de Divonne, à nous obtenir la permission de partir, sous leurs ordres, pour les plages africaines, où le Titus des français pourra, Dieu aidant, abattre les autels ensanglantés de la nouvelle Tauride, et relever le siége épiscopal de Saint Augustin. Qui sait même si la Providence n'arrange pas les choses de manière que sous le règne de Charles X, le grand général et grand ministre triomphateur du révolutionisme Gaulois, du fanatisme orangiste, des bigotteries protestantes, des ergotteries philosophiques, des préjugés contre la Grèce, parvienne, de concert avec l'intrépide prince de Polignac, à substituer une alliance ou une liaison respectivement honorable, avantageuse et solide, à la fatale rivalité qui depuis plusieurs siècles a fait le malheur de deux grandes nations dont la réconciliation serait exemplaire et salutaire à beaucoup d'autres.

Si contre nos vœux et nos espérances, la plus grande entreprise de guerre, d'honneur et de civilisation, n'avait point de succès, elle pourrait toujours imposer silence à ses détracteurs par la sublime réponse de Démosthène à son rival Eschine après la défaite de Chéronée, réponse qu'avant le retour des Bourbons j'opposais aux calomniateurs des armées royales de l'Ouest et de Condé.

Mais grand Dieu ! quelle est cette autre guerre que le démon de la discorde et du désordre vient de nouveau souffler au cœur de la France ? O Messieurs Corbière et Faure, permettez-moi d'ajourner l'exposé des motifs intéressans dont je comptais vous entretenir encore sur l'histoire et la politique tant sacrée que profane et sur les moyens de conserver le repos et le bonheur de notre pays. Que vos pages quotidiennes pénètrent vos lecteurs de la préférence que les pacificateurs méritent sur les agitateurs ; qu'elles tonnent contre l'iniquité d'appeler encore (sous prétexte de la dîme) les animosités, préventions et fureurs populaires ou populacières contre les prêtres, si bien défendus par M. l'abbé d'Auteroche, un de leurs plus jeunes et plus dignes confrères ; qu'elles préservent du même genre d'insultes et d'injustices les nobles qu'on s'acharne à supposer occupés à forger des chaînes pour y attacher ceux qui, non contens de les avoir supplantés dans leurs honneurs, leurs fiefs, leurs propriétés, sont quelquefois accusés de vouloir recommencer à les réduire au sort des Ilotes. Ne pensons actuellement qu'à tout ce qui peut remplacer par une émulation de vertu, les petites jalousies d'orgueil ou d'envie.

Malgré l'estime, l'intérêt et la confiance que m'inspirent les nobles antécédens de deux ministres, pairs de France, je n'ai jamais eu l'honneur de voir M. le prince de Polignac, ni M. le comte de la Bourdonnaye dont j'admire l'impassibilité chrétiennement stoïque, chevaleresque et patriotique aux indirectes, mensongères et perpétuelles injures dont les abreuvent, depuis le 9 août, ces cabales et cette foule de nouveaux ligueurs si fidèlement peints par MM. de Nugent, d'Eguilly, Laurentie, de Genoude, de Calvimont et tant d'autres hommes de poids, tant anonymes que signataires.

Pour moi, qui ne voudrais blesser personne, mais qui tâche de ne manquer jamais à la plus convenable et la plus exacte véracité, je déclare que sur le téméraire et fâcheux conflit qui de nouveau s'élève entre le principe monarchique consacré par la Charte, et le système démagogique ressuscité dans l'opinion contraire à la mienne, concernant les choix libres et constitutionnels du Roi, je suis du sentiment que professaient hautement, que soutenaient énergiquement et publiquement, il y a une douzaine d'années, MM. de Châteaubriant, Royer-Collard, Benjamin-Constant, Vergier de Hauranne, dernier député du Havre.

Dans le cours d'une assez longue carrière, passablement laborieuse, studieuse, observative et méditative, ce que j'ai vu, ce que j'ai lu, ce qu'on m'a dit ne m'a guères présenté de servilité ni de tyrannie plus odieuse et plus malfaisante que celle de ces usurpations successivement dites *constituantes, législatives ; conventionnelles, pentarchiques,* ou *directoriales, impériales, corses,* ou *bonapartistes.*

EXPERTO CREDE ROBERTO.

Je n'ai pas la folle ou charlatanique présomption de promettre l'infaillibilité des moyens doux, efficaces et légitimes par lesquels je ne désespère pas d'utiliser un peu mes derniers instans, bien qu'à la veille de l'inévitable passage à la préparation duquel je dois consacrer le peu d'heures qui me restent. Mais on sait que la résignation de ceux qui tâchent de se désaltérer ou de se laver à la fontaine de vie, ne ressemble pas à l'apathie des matérialistes ou des égoïstes qui disent : *après moi le déluge.*

Salut et complimens à MM. Corbière et Faure, avec promesse d'une seconde lettre, sûrement plus courte et peut-être plus intéressante que la présente, malgré les mutilations et retranchemens auxquels m'ont forcé la perte de quelques pages manuscrites et la continuité de mes affaires et courses particulières. Vous savez, chers concitoyens, que l'âge du déclin n'est pas celui de repos pour le vieux soldat qui ne cessera point d'être,

Votre très-humble et très-obéissant serviteur,

TOUSTAIN-RICHEBOURG.

P. S. Le 15 juin 1830. Je peste moins contre les retards d'impression, parce qu'ils viennent de me donner le temps de voir la sublime et touchante proclamation royale et paternelle de S. M. Charles X aux électeurs; elle retentira sur les cœurs français.

Vous savez que je ne suis pas homme à manquer de me trouver à mon poste le 23 juin : puissé-je obtenir l'adhésion de la majorité de mes collègues aux sentimens et principes que j'ai constamment professés et qui sont conformes à ceux que, sans chercher de grandes autorités dans les autres départemens, j'ai goûté la satisfaction de voir hautement et noblement soutenus dans le nôtre par MM. de Boisguilbert, président électoral du Pont-au-de-Mer, Martin des Islets, sous-préfet d'Yvetot, Gaillard, maire de Folleville, Achard de Bonvouloir, député du Calvados, etc., etc.

Au fort des nouvelles zizanies, alarmes, agitations qui semblent renaître en France, par suite ou châtiment d'erreurs funestes aux véritables légitimités, à la vraie restauration, remercions la providence d'avoir conservé dans la pluralité des Français raisonnables et bienveillans de toutes classes, même dans la majorité des vraies notabilités nobles ou non nobles, ecclésiastiques ou laïques, les sentimens et principes qui doivent (malgré les efforts des sophistes, des séducteurs et des égarés) assurer aux éligibles amis de la royauté, consacrée par la charte, à tous les partisans de l'ordre social et du bonheur public, une préférence marquée sur ceux qui par caprice, erreur ou malveillance, se sont mis en hostilité contre la paternité bienfaisante et l'auguste majesté royale, contre les indivisibles intérêts et droits du monarque et de la nation.

, , , , , , , , , , , , , , ...
, , , , , , , , , , , , , , ... (1)

Suit une lettre de l'"Auteur à messieurs son éditeur et son imprimeur,

Il est temps, messieurs, de faire la clôture des retards qui nous ont affligé et m'ont singulièrement préjudicié; j'en serais moins affecté sans le tort qu'ils ont pu faire à la grande et belle cause qui ne souffrira sûrement pas des aperçus que mon zèle s'avise de mettre au jour afin d'exciter à sa défense des hommes plus en état et plus à portée que moi de la soutenir avec le succès qu'un patriotisme éprouvé me fait vivement désirer.

C'est pourquoi, messieurs, je vous prie de retirer du présent manuscrit et de réserver pour une autre composition typographique (si mes affaires et ma vieillesse me permettent de la publier) ce que je destinais à celle-ci, concernant les objets suivans :

1°. Quelques uns des ouvrages de M. Colart, l'un des estimables professeurs ou littérateurs attachés à l'éducation de Monseigneur le duc de Bordeaux, Son aimable épouse, venue seulement deux fois avec lui jusque dans mon agreste solitude, a bien voulu sacrifier quelques parcelles de ses précieux momens et de ses gracieux talens à la peindre, ainsi que l'avait déjà fait l'obligeante et pieuse mademoiselle Glier, née et domiciliée au Havre. Je me suis moi-même avisé de décrire (malheureusement sans l'embellir), mon chétif hermitage ou castel. Mais il n'est pas nécessaire de montrer au public (qui s'en doute bien) l'extrême différence ou distance entre ma plume et le pinceau de ces dames. Cette différence existe aussi sensiblement entre la manière et le sujet de mes descriptions de mon village et celle des tableaux de Tibur et d'Auteuil qu'ont tracés les mains de maitre d'Horace et de Boileau.

Puisse celui de mes petits-enfans ou de mes petits-neveux qui peut-être habiterait un jour cette maison presque aussi petite que celle qu'on dit que Socrate faisait bâtir, la remplir de vrais amis comme le désirait ce héros de la philosophie payenne, et surtout y faire briller partie de sa sagesse, embellie et fortifiée par l'urbanité française, la candeur et la courtoisie chevaleresque, et surtout par les instructions et les vertus chrétiennes.

Le seul mérite de mon étroit et sombre manoir, provient de ce qu'au milieu des aberrations de toute espèce, devenues si fréquentes ou si communes depuis la terrible explosion des

---

(1) Ces lignes de points marquent de nouvelles suppressions ou lacunes volontaires.

(xxx)

volcans irreligieux, immoraux, impolitiques, les conversations sur divers objets ou divers genres intéressans s'y passent ordinairement avec le délicieux ensemble de douce confiance, d'aménité parfaite et conciliatrice, de gaîté franche et pure, de liberté naïve et décente, qu'à la suite des insupportables longueurs et des multiples réitérations d'inquisitions et vexations révolutionnaires, bien pires que celles qu'exercèrent jadis les *Saints-Offices* de Madrid, Lisbonne et Goa, l'on est venu à bout d'y conserver ou rétablir beaucoup plus qu'on n'est parvenu à le faire dans nombre de magnifiques châteaux, hôtels et palais.

Supprimons aussi, MM., l'alinéa justificatif de mon peu de goût ou d'enthousiasme pour la fausse éloquence de plusieurs orateurs du côté gauche. Quoique je n'aie cessé de rendre hommage et justice à ce que j'ai su de vraiment très-honorable dans la vie militaire, politique et privée du Comte Foy, mes idées et ma situation ne m'auraient pas fait souscrire à sa statue proposée par des hommes qui ne savaient pas révérer la mémoire des Bonchamp, Lescure, La Rochejacquelin, Charette, La Tremouille-Tarente, Frotté, Jean Chouan, Cathelineau, Boishardi, Phelippeaux, etc., j'avais l'honneur de connaître ce dernier, qui s'est tant distingué à St-Jean-d'Acre et à Chollet.

Mais comment ne pas gémir de ce que les préventions révolutionnaires avaient égaré la raison du général Foy dans les Abruzzes, sur lesquelles il prophétisait à Paris, qu'allait se perdre l'armée Autrichienne qui, malgré l'aboyement de ses détracteurs, semblable à celui des dépréciateurs de la juste, humaine et noble entreprise d'Alger, délivra bientôt le royaume et le roi de Naples.

Depuis la mort du comte Foy, d'autres prophètes de sa force ou de son parti prédisaient, affirmaient que l'armée française, libératrice de l'Espagne, ne passerait pas la Bidassoa ou quelle ne la repasserait que vaincue, désarmée, prisonnière sur parole.

J'observe ici qu'à l'appui de mon opinion sur M. Colnet, se trouve dans un numéro de la *Gazette de France*, de mai 1830, une brillante et juste analyse des *lettres* éloquentes et chevaleresquement française que l'énergique et pathétique vicomte de Wals vient de publier sur l'Angleterre.

Je regrette que dans l'extrait que l'estimable feuille du correspondant en a donné, dans un numéro de juin, soient omises sur St-Acheul et sur les magnificencences féodales de quelques seigneurs Anglais, les belles particularités qui n'ont pas échappé à M. Colnet. Il est inutile d'en dire ici davantage à la suite de la mort récente et subite d'un évêque dont un de ses plus illustres et plus méritans collègues laïcs à la pairie, m'a dit un bien, qui certes ne me fait pas désespérer de son salut, malgré les égaremens et les torts passagers que lui reproche la grande majorité de l'épiscopat, du sacerdoce et des catholiques français. Qui sait s'il n'aurait pas eu l'intention de rendre public le repentir qu'il peut en avoir témoigné secrètement à Dieu, et dont feu Monseigneur le cardinal de Clermont-Tonnerre, duquel j'eus autrefois l'honneur d'être un peu connu, et M. l'avocat Boussote (qui ne m'a jamais vu, que j'ai lu avec grand intérêt et que je serais charmé de rencontrer), l'auraient aussi cordialement, mais plus dignement félicité que je n'aurais pu le faire moi-même : ils auraient pu lui procurer la grâce de reconnaître le contraste entre la politique et la piété, même d'y songer à temps et convenablement avant sa comparution devant le tribunal du plus juste des juges et du plus tendre des pères.

....

L'urgence du temps des élections force M. de Toustain à réserver pour d'autres publications la matière qui devait encore précéder l'errata suivant.

Page 1, ligne 6 en remontant, *il n'est rien*, lisez *il n'a rien*. Même page, ligne 10 en remontant, entre *de mon état* et *de mes services*, ajoutez *de mes revers*. Page VI, ligne 7, *l'intcanation*, lisez *l'incarnation*. Page VIII, ligne 3, dans quelques exemplaires on a laissé *lecteurs. Il n'est*, il faut lire *lecteurs, qui n'en*.

Page VIII, à la huitième ligne en remontant, lisez *vénérables*, au lieu de *véritables*.

Pages X et XI : il n'y a point ici d'erratum d'imprimerie, mais la véracité de l'auteur le force d'y faire une remarque dont certaines critiques, même entre les plus animées, reconnaîtront la sincérité, 1°. par respect pour les têtes couronnées, je me suis abstenu de nommer aucun des deux frères compétiteurs au trône de Portugal. Dans une lettre imprimée en mai 1828, aux *Journalistes* de toutes les couleurs, j'ai dit comment je distinguais une révolte d'avec une insurrection et pourquoi le droit me paraissait du côté du marquis de Chaves, beaucoup plus que du côté du marquis de Palmela. Je dirais bien encore à quelles conditions honorables pour les deux frères, le différend me paraissait encore accommodable, au moment où j'écris ces lignes postérieures de deux ans deux mois à la publication de *ma lettre aux Journalistes*.

Page XII, *des*, lisez *de*. Même page, ligne 21, *d'Achaz*, lisez *d'Achab*. Page XV, *interpeller*, lisez *interpoller*. Même page, aux vers latins du milieu, *preteritas*, lisez *præteritos*, puis *referet*, lisez *referat*; 7 lignes au-dessous du vers latin, au lieu de *de la*, lisez *du*. Même page, à la première ligne après le

(XXXII)

vers, au lieu de *courais*, lisez *courrais*. Même page, ligne 3 de la note 2, entre les mots *lettre* et *et*, mettez une virgule. Page XVI, ligne 6 de la note, *turbulant*, lisez *turbulent*. Page XVII, à la note, entre *Roques* et *Montgaillard*, substituez à la virgule un trait d'union (bien que la plupart des lecteurs sauront que c'est le double nom d'une seule famille, branche ou personne, selon l'usage commun à presque toute l'Europe, et même de quelques nations ou contrées d'autres parties du monde).

Page XIX au second alinéa de la note première, au lieu de *transvertissant*, lisez *travestissant*. Page XXII, ligne 22 *données* lisez *donnés*. Même page ligne 30 *appronfondi*, lisez *approfondi*. Page XXIII, ligne 6 en remontant, au lieu de *considération*, lisez *condition*. Page XXIV, ligne 12, après *éclairé*, supprimez *et*, et mettez une virgule, puis ligne 8 en remontant, observez que pour éviter la controverse d'arithmétique sur le nombre publié 221 qu'ont diminué les explications, rétractations et dénégations également publiques.

Page XXVII, ligne 6, j'annote que plusieurs mois après que m'est parvenue la brochure de M. d'Auteroche intitulée *le jeune Prêtre*, en a paru une autre plus étendue sur le même sujet, intitulée *le Prêtre*. Au fond de ma campagne j'en ignore l'auteur qui a gardé l'anonyme. Je ne la possède pas encore, mais je me propose de me la procurer, ayant lu avec beaucoup d'intérêt et de satisfaction l'avantageux extrait qu'en ont donné plusieurs bons journaux.

Pages XXVIII, après *député du Havre*.

Je ne m'érige en juge de personne, mais dans toutes les discussions où l'amour de la paix et de la justice me font céder aux instances ou désirs de ceux qui réclament mon arbitrage et mon avis, il ne m'arrive jamais de prononcer avant d'avoir entendu les deux parties. Pour ne devenir suspect d'aucun genre de doute ni de duplicité envers qui que ce soit de mes honorables concitoyens, dont plusieurs d'opinion très-contraire à la mienne, m'accordent encore bonne part à leur estime, bienveillance, et considération, j'avance que ce n'est une consolation de n'avoir jamais dévié de la marche constamment suivie par les Bonald, les Marcellus, les Conny, les Berthier, les La Bourdonnaye et tant d'autres dont il me serait agréable et flatteur de recueillir ici les respectables noms, si leur longue liste ne pouvait s'interpréter par les trop nombreux détracteurs ou mauvais plaisans du jour, comme une espèce de satire personnelle que je ne me permettrais jamais que dans un cas extrême qui, grâces à Dieu, n'existe pas, et qui, Dieu aidant, ne reparaîtra point, malgré l'aveuglement et les emportemens de tant d'impétueux brouillons.

N. B. J'avance de bonne foi que je pense avoir toujours eu l'ingénuité de conserver ma part de tolérance et de liberté d'opinion, jamais gâtée par l'injuste et folle prétention de tyranniser celle d'autrui.

Avec la même candeur et le même esprit de justice et de bienveillance je supplie ceux de mes concitoyens qui auront le tort de faire triompher une opinion différente, de n'abuser que le moins possible du faux et court plaisir que l'erreur ou la passion leur ferait très-probablement éprouver s'ils rompaient la digue que nos lois, nos mœurs, notre intérêt, nos droits, nos vues et nos désirs sauraient sans cesse opposer au torrent de licence, d'erreurs, et de désordres dont le cours impétueux, semblable à celui de toutes les anciennes et modernes révoltes et séditions anciennes et modernes, entraînerait beaucoup d'acteurs et de spectateurs de telles scènes dans l'abîme infernal qui pourrait engloutir plusieurs générations de nombreuses parties du fragile genre humain, dont la minorité composée des vertueux et passables doit implorer humblement, affectueusement l'inépuisable clémence du plus juste et du plus tendre des juges et des pères, tant pour elle-même que pour la trop grande et trop obstinée majorité des coupables.

A M. L*** CITOYEN DU HAVRE.

A tous les cœurs bien nés que la patrie est chère !

Voltaire, dans Tancrède.

Vous me faites, Monsieur, une proposition dont je serais infiniment flatté si mon grand âge et la direction du plus grand nombre de mes études, essais et travaux, étaient assez compatibles avec le talent et le feu de la poésie pour me donner la confiance d'oser chanter l'héroïque et salutaire expédition d'Alger, la non moins héroïque fraternité des généraux et des guerriers de terre et de mer qui en ont procuré le succès, l'activité, la prévoyance et les combinaisons des ministres, des administrateurs et des entrepreneurs qui en ont assuré les ressources, munitions, provisions, four-

---

(1) *Note pour servir à la page* xxxii, *ligne* 25.

J'ai lu depuis, dans la nouveauté, l'agréable roman intitulé *Le Prêtre*. On l'attribue à une dame dont on n'a pu me dire ni le nom ni l'état ; en rendant hommage à son talent, à son imagination, j'oserais, sans me croire pédant ni rigoriste, lui faire entendre que, malgré les triomphes de son prêtre sur de vives tentations et de périlleuses séductions, l'ouvrage renferme certaines peintures qu'une personne de son sexe peut s'abstenir de mettre sous les yeux d'un ecclésiastique qui n'est pas son confesseur ou son directeur.

nitures et transports nécessaires sur les deux élémens, où, de nouveau, se sont signalés et viennent de triompher la sagesse, la valeur, la constance et l'humanité des armées navales et terrestres de la France.

Quelques passages, Monsieur, des fragmens qui forment cette brochure et dont plusieurs étaient non pas encore publiés, mais seulement imprimés dès avant le débarquement de l'intrépide général comte de Bourmont, pourront fortifier le cri du cœur que je n'ai pu retenir à ce sujet pendant notre récente bataille des élections, et dont je donne une seconde édition dans ce présent cahier de fragmens religieux, moraux et politiques qui sont une sorte de préliminaire ou d'introduction au dernier ouvrage de ma vie, non sorti de presse, et roulant sur les moyens légitimes et praticables d'assurer, autant que possible, la paix et la concorde de tous les hommes tant soit peu raisonnables et probes, qui vivent sur le territoire français. Tandis que M. Vieillard, natif du Havre, vient de consigner un nouveau fruit de sa muse harmonieuse et patriotique dans un récent n° de la *Gazette de France*, tandis que nous possédons MM. Ancelot et Casimir Delavigne, également natifs de la ville fondée par le *vainqueur de Marignan*, le *père des lettres*, il ne conviendrait pas de fatiguer les oreilles et les yeux du public par les accens rauques et cassés d'une muse presque nonagénaire, et qui sans m'avoir fait jamais négliger les instructions, exercices, et devoirs de mon état, m'a plus entraîné vers Clio que vers Calliope ou Polymnie.

D'ailleurs suis-je digne de chanter Bourmont et Duperré, moi qui ne me suis permis que de légères pièces fugitives, bientôt oubliées après les circonstances qui les avaient fait naître et leur avaient procuré des apparences de succès éphémères. Or, ayant peut-être lu trop de vers, quoiqu'il ne m'arrive pas d'en faire beaucoup, ne dois-je pas me rappeler la maxime ou l'avis que renferme celui-ci d'un bon poëte.

Pour chanter un Achille, il faut être un Homère.

De plus, n'ai-je pas outrepassé depuis long-temps les années, où l'on n'eût pas trouvé mauvais que je me fusse appliqué le vers du premier chant du poëme de JUMONVILLE, de feu mon illustre professeur, l'éloquent Thomas, si souvent couronné par l'Académie Française où ses talens et sa réputation ne tardèrent pas à le faire admettre.

Ma patrie et mon Roi, voilà mes Apollons............
....

Comme nos éclaircissemens se font sans controverse, je répondrai dans les notes de la pièce qui va suivre aux objections que vous me faites de la part d'un censeur que je ne récuse pas, quoique j'ignore jusqu'à son nom.

ÉLECTION DU HAVRE.

2ᵉ ÉDITION.

Augmentée des notes en renvoi.

Saint-Martin-du-Manoir, 10 Juillet 1830.

Pro Deo, Rege et Patriâ.

Le Doyen (1) des Electeurs, des Académiciens et des Chevaliers

---

(1) C'est par la méprise inoffensive ou la distraction momentanée de quelques personnes incapables de tromper qui que ce soit, que je m'étais laissé persuader que Monsieur le comte Begouen, conseiller d'état, ayant présidé plusieurs fois le collége électoral du Havre, ainsi que Monsieur le baron son fils, et plus âgé que moi de deux ans cinq mois, ne viendrait pas cette année porter son vote à notre élection. Dès que je fus détrompé de cette erreur involontaire par M. son fils lui-même, auquel je m'en expliquai, je courus à la côte d'Ingouville le saluer chez lui, mais nous parlâmes de toute autre chose que de cette bagatelle de nulle conséquence, attendu qu'aucune personne de notre connaissance ne me soupçonne de la ridicule fantaisie d'avoir tenté de supplanter en rien cet homme respectable.

De là je me rendis chez l'imprimeur de ma feuille volante pour changer mon titre, innocemment usurpé, de *doyen* en celui de *sous-doyen* (des électeurs), car je restais toujours le doyen des chevaliers de St-Louis de notre arrondissement et de beaucoup d'autres. Triste honneur qui n'excite pas l'envie ; mais le tirage de ce feuillet de 4 pages, était achevé et la planche ou forme en partie détruite.

Par suite de la même exactitude et délicatesse, avant de quitter la ville, j'allai déclarer l'*erratum* au Journal du Havre, où, dans le nº du 15 juillet, a paru l'annonce de ce même feuillet. Le même jour 15, au moment de regagner mon champêtre manoir, j'eus une conversation de franchise et de gaîté avec l'ingénieux et malin journaliste, telle que toute conversation doit se faire entre deux Français qui, par deux voies différentes, s'efforcent d'atteindre le même but du bonheur de leur Roi et de leur patrie, et chez qui les épines d'une grande distance ou contrariété d'opinion sont émoussées par la recherche sincère et le véritable amour de l'ordre et du bien public. Je remercierai même M. Corbière de m'avoir fait patte de velours au lieu d'appuyer sa griffe, en sorte que je paraissais plutôt chatouillé qu'égratigné dans le Journal du Havre de cette année : il en parut de même aux yeux des lecteurs de Saint-Louis domiciliés dans l'arrondissement du Havre, tâchant d'utiliser encore, pour le bien public, les derniers momens d'une longue, obscure et laborieuse carrière, se proposait de présenter, à ses très-chers et très-honorés confrères du Collége électoral de cette ville, quelques observations justificatives de son invariable zèle pour l'indivisible cause et service du Roi et de la Patrie qui, selon ses anciens et constans principes, et suivant le grand mot de M. de Castelbajac, ne font qu'un.

Mais des circonstances, obstacles et retards dont le détail est indifférent au public, et sur lesquels il ne fait de reproche à personne, font que cet opuscule n'est pas encore sorti de la presse et va manquer son plus grand à propos.

Dans l'incertitude qu'il voie le jour avant la fin de cette courte session purement électorale et nullement délibérante, il se hâte de faire tirer quelques exemplaires du peu de mots qui suivent, et de les soumettre aux lumières et à l'indulgence de ses collègues et de plusieurs autres de ses concitoyens.

ALGER EST PRIS; VIVE LE ROI !!!! La flotte et l'armée, animées d'une héroïque fraternité, se sont comportées d'une manière admirable ! elles se sont couvertes de gloire.

Hier au soir j'en ai donné la première nouvelle à mon village où le cri national *vive le Roi* s'est fait entendre. A peine en avais-je informé le digne pasteur, qu'il a fait sonner un carrillon dont l'agréable bruit semblait répondre au canon de réjouissance du Havre, qui faisait trembler mes vitres et tressaillir mon cœur.

En attendant les prochains ordres pour le *Te Deum* que beaucoup de bons chrétiens, par conséquent très-bons Français, entonnent séparement chez eux, la plupart ont déjà remercié la divine Providence d'avoir couronné leurs vœux, leurs pressentimens et leurs espérances.

Cette humaine, juste, magnanime et glorieuse expédition doit immortaliser le règne de CHARLES X, ainsi que les règnes de notre DÉSIRÉ LOUIS XVIII et de l'empereur d'Autriche,

---

qui me trouvèrent cruellement écorché dans un numéro du Journal de Rouen de l'année dernière.

Par reconnaissance, j'ai loyalement exhorté le brave M. Corbière à ne pas imiter le langage des écrivains ridicules qui dénigrent les vainqueurs d'Alger comme la faction carthaginoise de Hannon dénigrait le vainqueur de Cannes, tandis que les Romains remerciaient un général inhabile et battu de n'avoir point désespéré du salut de la république

François Ier ont été illustrés : l'un par la délivrance du royaume et du roi d'Espagne, l'autre par celle de Naples et Turin; sans parler des hommages dus aux souverains et aux peuples qui, deux fois, sous nos yeux, ont délivré la capitale et l'empire des Lis.

A Dieu ne plaise que je mêle à mes épanchemens et jubilations cordialement patriotiques, le moindre mot qui puisse réveiller des passions jalouses, haineuses et discordantes, que les efforts du bien aimé roi-chevalier n'ont pas encore tout-à-fait assoupies.

Mais dans la crise ou conjoncture présente, qui n'est ignorée de personne, aurais-je tort de témoigner, avec une respectueuse confiance, à notre réunion constitutionnelle, qu'il importe au bonheur et à la réputation du peuple français de ne choisir ses députés que parmi les éligibles qui se sont montrés défenseurs de cette incontestable et salutaire prérogative et majesté royale qui forme le meilleur garant, gage et soutien des libertés nationales et de toutes les parties essentielles de l'ordre social.

Voilà pourquoi l'épigraphe de ce mince et sincère écrit est calquée sur la devise d'une association respectable que leurs majestés Louis xv et Louis xvi autorisèrent dans leurs états, et dont je fus successivement chevalier, commandeur, grand'croix, même président de sa langue ou portion française. (1)

---

(1) Le journaliste du Havre, dans sa feuille du 15 juillet, a conjecturé qu'il s'agit ici de l'ordre de Malte, dont je n'ai pas eu l'honneur d'être dignitaire ni simple chevalier, quoique plusieurs rejetons de la ligne de mon père et de celle de ma mère y soient entrés et que ces deux familles (qui d'ailleurs ont satisfait aux hautes et rigoureuses preuves des honneurs de la cour antérieurement aux orgies anti-nobles et très-anti-monarchiques des 19 juin 1790 et 4 août 1789) soient aussi entrées dans l'ordre de St-Jean de Jérusalem, et dans plusieurs autres chapitres, tant directement en leur propre nom qu'indirectement ou collectivement par leur place dans les quartiers d'autres récipiendaires.

L'association chapitrale et chevaleresque dont il est ici question s'était originairement formée, pendant certaines révolutions polonaises et germaniques dans les contrées où l'on regardait (ainsi qu'en France avant 1789) la noblesse et le clergé comme les deux premières et plus fortes colonnes d'un état monarchique.

Ce qui s'est passé, depuis 1789, en Europe et principalement chez nous, n'a pas fait changer d'avis aux observateurs impartiaux, aux méditateurs instruits qui pensent avec les généraux du Gueselin, La Trimouille, Rohan, Turenne et Montmorency, avec les ministres Suger, Colbert, Sully, d'Amboise, Richelieu (le cardinal), avec les évêques St-François de Sales, Bossuet et Fénélon, avec les magistrats l'Hôpital,

Ah! Messieurs, profitons des fautes et des malheurs des trois premières assemblées, si trompeuses et trompées par suite des erreurs d'un étranger, républicain et protestant, qui, malgré ses bonnes intentions, ne prévit pas les maux que sa présomptueuse ignorance allait attirer sur une antique et vénérable monarchie catholique, et par suite aussi de la révolte du Jeu de Paume de juin 1789, et de la perte de cette heureuse et sage pondération qu'offrait aux délibérations d'une multitude échauffée le vote par ordre ou par chambres. On ne peut oublier que ces trois assemblées, devenues turbulentes cohues, ont successivement abîmé la France: la première, en mystifiant et dégradant son Roi; la seconde, en le détrônant et le renfermant; la troisième, en l'outrageant et l'assassinant. (1) Il y

---

Montholon, d'Argentré, Montesquieu, d'Aguesseau, d'Argenson, La Chalotais, avec les jurisconsultes Du Moulin, Domat, Boucher d'Argis, avec tant d'hommes illustres et graves, qu'une monarchie sans noblesse est exposée, plus que toute autre espèce de gouvernement, au double écueil ou aux cruelles alternatives du despotisme, des séditions et de l'anarchie.

C'était un bien mauvais bon mot que celui de la vieille et caustique marquise de Deffant de reprocher à Montesquieu sa noblesse, sa présidence et sa naissance gasconne, comme si un gentilhomme était incompétent pour défendre son ordre, un magistrat pour écrire sur la magistrature, et comme si le pays de Montagne ne produisait que des sots, ainsi qu'on le disait de l'ancienne Béotie, même après qu'elle eut donné le jour à Pindare, Epaminondas, Pélopidas.

(1) Sur les trois grands crimes des trois premières cohues ou pétaudières, quelques personnes m'ont reproché d'avoir trop généralisé et pas assez particularisé. Les jeunes auteurs de ce reproche étaient dans l'ignorance, ou dans l'oubli des châteaux, maisons, palais, hôtels, églises et presbytères brûlés, pillés et démolis dès le mois d'août à décembre 1789, des gardes du corps du Roi massacrés dans sa résidence et sur la route de Paris, de la femme tuée d'un coup de fusil à la portière de son carrosse aux Champs-Elysées, lorsqu'il rapportait à Paris, le 17 juillet 1789, quelques paroles de paix et quelques momens de sécurité...... la plume me tombe des mains lorsque je tente de retracer les abominations révolutionnaires commises dans la capitale et dans toutes les parties de la France depuis les pillages du commencement de la révolution jusqu'aux séditieuses criailleries qui forcèrent le Roi-chevalier de supprimer tant de braves légions de gardes nationales, dont la majorité réelle, excellente et fidèle ne paraissait que dans son calme et sa sagesse auprès d'une minorité brute et capricieuse, soutenue d'une populace nombreuse et furibonde.

Toujours est-il vrai que dans les assemblées mal convoquées, mal constituées, qui succédèrent aux trois désignées dans le texte, et sous les faux systèmes qu'on fit naître lors de la restauration, il est vraisemblable que Louis XVIII n'eut pas été chassé de ses états dès mars 1815, pas été insulté à son retour en juillet, que l'équipée du Corse n'aurait

avait pourtant, dans ces trois espèces d'attroupemens ochlocratiques, des esprits éclairés et sages. Mais comme il se pratique ordinairement aux grandes agrégations de la pauvre humanité, la sagesse y était en grande minorité.

Comme notre assemblée présente n'a pas la puissance que lui donnerait le droit de discuter et de délibérer, afin de prévenir ou d'effacer les impressions chagrines que pourrait laisser pareille remarque dans les cœurs français dont la gaîté n'est pas incompatible avec la gravité nécessaire et convenable aux grandes affaires, je termine cette bluette royaliste et civique par le couplet suivant, dont nul de mes estimables confrères ne fera pas un reproche au vieux et bon doyen.

AIR: *Te souviens-tu, etc.*

Nous accourons sur le champ de bataille
Au joyeux cri de *Vive notre ROI !*
Mon chant cassé n'offre plus rien qui vaille;
Mais le couplet marque ma bonne foi.
Votre doyen, chers et dignes confrères,
Garde la Charte, aime la liberté,
Défendons-les, conservons-les entières,
Car nous avons juré la royauté.   ter.

---

pas coûté cent mille hommes, dix-huit cents millions et la perte des villes et territoires de Philippeville et Landau, que le duc de Berry n'aurait pas été poignardé, que sa veuve et son fils n'auraient pas subi les pétards; que les révoltes de Colmar, Béfort, Saumur, La Rochelle et certains quartiers de Paris n'auraient pas eu lieu; que l'héroïque vainqueur d'Alger et frère d'armes de l'amiral Duperré ne serait pas insulté par la cabale jacobine après la conquête qui met le comble à sa gloire, comme Annibal le fut par une faction carthaginoise après sa victoire de Cannes.

Mais par quelle dégradation des facultés intellectuelles, physiques et morales, accordées par le suprême auteur et maître de tout à sa créature humaine, se fait-il que des Français, qui se prétendent défenseurs du trône et de la patrie, commencent à se respecter assez peu, pour se joindre aux cabales jacobines, aussi armées contre les lauriers et la haute renommée du vainqueur d'Alger, qu'une faction Carthaginoise l'était contre ceux du vainqueur de la Trébie, de Trasimène et de Cannes. Leurs cyniques et plates moqueries s'étendent jusqu'à la simplicité paternelle, sublime, et touchante, que le nouveau maréchal de France a mise au récit de son immortelle campagne, au détail des succès, de la blessure, des sentimens et de la mort de son fils, qui s'est montré si digne de son père et de ses frères. Les expressions du héros, à ce glorieux et douloureux sujet, rappellent ces mots, cet attendrissement et ce courage d'un grand général de l'antiquité qui, chargé de faire lui-même les arrangemens d'une fête ordonnée par son gouvernement pour son propre triomphe, dit avec l'accent le plus sentimental et le plus réservé: *Aujourd'hui remercions les Dieux; demain je pleurerai mon fils.*

.(XL)

Ceux qui s'amusent à répéter ce couplet à table, peuvent aux deux premières rimes, substituer celles-ci :

« Nous voilà donc sur le champ de bataille
« Où nous boirons à la santé du Roi ; etc. »

Ce que je dois surtout annoter, c'est mon naïf aveu de n'avoir rien négligé du peu qui dépendait de moi, pour engager les bons Electeurs à se rendre à leur poste.

Post-scriptum du 12 juillet 1830, écrit au Havre en portant ce feuillet à l'impression.

Habitans du Havre (1), j'adhère aux sentimens que m'ont

---

(1) Dans quelques passages de mon opuscule sur la paix, l'accord ou la conciliation qu'il me paraît encore aussi possible que désirable de rétablir et de consolider en France, je touche la corde difficile et délicate des Etats Généraux et Provinciaux par lesquels (joints au droit de remontrance des cours dites souveraines et de plusieurs corporations nobles, ecclésiastiques et laïques) on a aussi prouvé que l'heureuse et libre France, faussement peinte comme esclave par l'ignorance, l'audace et l'imposture des faiseurs ou plagiaires d'innovations désorganisatrices, possédait d'ancienneté le plus sage et le plus salutaire des gouvernemens à la fois mitigés et respectables. Mais les grandes assemblées d'Etats nationaux étaient aussi régulièrement convoquées, composées, combinées et constituées quelles le furent mal en 1356. Ces altérations produisirent la Jacquerie de 1358, et les crises du 16me Siècle, dévancières et préparatoires à la ligue et à la plus fatale année 1789, dévancière des abominations et désolations dont certes je ne suis pas tenté de retracer ici les exécrables images. D'après l'attention morale et politique avec laquelle je conserve le fruit présent des événemens et des affaires, loin d'alarmer mes lecteurs, j'espère leur faire partager mes espérances, fondées, 1° sur les bontés de la divine providence qui nous a délivrés et préservés du joug d'étrangers peut-être pas meilleurs que nous, et de celui des tyrans et des complots de l'intérieur, qui nous ont causé tant d'asservissement, de calamités et de misères ; 2° sur l'excellence d'un aussi grand nombre de concitoyens qui n'ont jamais fléchi devant les modernes Baals, comme sur la conversion de ceux qui, n'étant dupes que de leur bonne foi, lorsqu'ils se laissèrent entraîner dans de funestes routes avec de mauvais guides et de faibles soutiens, se sont si vigoureusement relevés d'une chute passagère pour ne plus marcher que dans la bonne route avec bons conducteurs et bons appuis ; 3° sur les vertus royales et religieuses du Roi chevalier dont le règne est illustré par une des plus périlleuses, plus humaines, plus magnanimes et plus admirables expéditions célébrées chez les poètes, les historiens, publicistes anciens et modernes.

Ma confiance aux grâces du ciel, à la justice et à la générosité de quelques puissances et nations, aux vertus d'un grand nombre de mes concitoyens de tout âge, de tout sexe, de toute condition, à la loyauté témoignés plusieurs de vos plus estimés co-habitans pour se conformer aux motifs, vues et conseils exprimés dans les discours d'ouverture de M. le préfet maritime Pouyer et de M. le maire baron Begouen, pour le plus parfait accord entre la prérogative royale et sacrée que nous devons tous chérir et respecter, et la vraie liberté nationale et sociale qui nous est également avantageuse et chère, quelles que soient les opinions particulières de quelques individus sur le mérite ou les défectuosités de cet acte solennel substitué à ce qu'avant 1789 nous appelions institutions et lois fondamentales. Ne sait-on pas, d'ailleurs, que rien ne sort parfait de la main des hommes, même les plus éclairés et les plus sages, gouvernans et gouvernés. *Prima officia debentur Deo immortali, secunda patriæ, tertia parentibus.* Or, je ne désespère pas de prouver, avant de mourir, la possibilité de concilier la pratique de la charte avec l'orthodoxie la plus exacte en christianisme, en politique et en morale.

Laissons bavarder en France certaines espèces d'Algériens presqu'aussi déraisonnables et barbares qu'étaient ceux d'Afrique avant les exemples et les instructions que nous leur portons. Suivons le céleste précepte d'aimer Dieu par dessus tout, et le prochain comme soi-même, et disons tous de cœur comme de bouche : *Domine salvum fac Regem*; alors nous jouirons de la gloire de Dieu dans le ciel, et de la paix sur la terre aux hommes de bonne volonté.

---

du Monarque, d'une grande partie de ses généraux et de ses hommes de terre et de ses hommes de mer, des corps et des individus tenant à la magistrature, à son administration, à tous les fonctionnaires publics ou notables, me persuade que ce qui reste de bon sens, de jugement, de bienveillance à beaucoup de membres du parti nommé libéral suffira pour ramener les plus aveugles, les plus opiniâtres et les plus égarés de ces chers Français à des vues qui me semblent plus propres à faire refleurir la gaîté, l'aisance, la liberté, la confiance, l'équité, la véracité française.. *Fiat, fiat* !

C'est par intrigues et supercheries, au grand mécontentement de la pluralité de cette ville, qu'une faction protestante (qui depuis six mois en avait chassé beaucoup de catholiques) livra cette place en 1563, aux Anglais, sur qui plusieurs Havrais fidèles aidèrent bientôt l'armée royale à la reprendre. Les personnes qui me font l'amitié de me prêter et de m'emprunter des livres, ne m'ont pas encore rendu mon exemplaire des ouvrages publiés sur le Havre par feu Dubocage de Bléville, mademoiselle Lemasson-Golf, l'Abbé Pleuvry, par MM. Legros, Morlent, Pinel et Justin, ni mes propres opuscules sur cette ville, sur Harfleur et Montivilliers. Mais quand je les aurais tous sous mes yeux, même en y ajoutant les manuscrits de Masseille et d'autres non moins curieux, je me contenterai d'avancer ici que la véritable époque des vrais commencemens de la vraie fondation de cette ville me paraît plus justement datée de 1516 que de 1524.

(XLII)

Mon espérance (dans le cas trop possible de la supériorité numérique des majorités dites *libérales* sur la supériorité morale et rationnelle des minorités *royalistes*)(1) est dans le cœur des bons Français qui, dans toutes les opinions, se réuniront pour empêcher l'abaissement du trône et la renaissance des atrocités démagogiques ou révolutionnaires.

Le Colonel Vte de Toustain-Richebourg,

Otage et volontaire royal, et Souscripteur à la noble proposition faite pour nos braves d'Alger, et au monument du marin Bisson, fils d'une Bretonne et d'un Normand.

Remarques du 20 juillet.

Pour ne rien perdre de la bienveillance dont m'honore d'excellens citoyens du Havre, où s'imprime cette bagatelle,

---

(1) La proclamation d'une ordonnance du 5 septembre 1815 *déroyalisa* tellement certaines têtes et certains Français, que cette même année quelques avanturiers, dont plusieurs n'étaient ni Havrais ni même Français, tâchèrent de débaptiser cette ville en lui rendant le sobriquet ou surnom très-odieux, que d'autres avanturiers *ejusdem farinæ* s'étaient efforcés de substituer, en 1793, à son surnom de *françoise ville* ou *ville française*, ou *de grâce*, quelle ne mérita jamais de perdre. Le nom de *français* se prononçait alors par o ouvert pour le nom de pays comme pour ceux de baptême. On sait que saint François-d'Assises ne changea son prénom Jean et son nom patronimique *Bernardon* que par l'attachement de son père et le sien pour les Français, avec qui ce marchand de profession faisait un grand commerce. Le fils, long-temps avant de devenir le fondateur des Franciscains (depuis subdivisés en capucins, récolets et cordeliers) servant de commis à son père, avait appris, avec une extrême facilité, la langue des Français, avec qui sa maison avait de grands rapports mercantiles. Le nom de françoise-ville ou ville française, dont, sous toutes les acceptions, ortographes et prononciations, le Havre se montrera toujours digne, lui fut donné par le père des lettres et vainqueur de Marignan, François Ier, vers 1524, une quinzaine d'années après les augmentations et faveurs que le père du peuple et vainqueur d'Agnadel, Louis XII avait accordées au refuge ou hameau de marins et de pêcheurs qui fut le berceau du Havre ou port de grâce. Le surnom de Grâce provient tant de la bonne grâce avec laquelle plusieurs notables habitans se prêtèrent aux désirs du monarque fondateur, que de deux chapelles auxquelles ces gens de mer avaient grande dévotion, situées à peu près l'une vis-à-vis de l'autre : l'une sur la rive gauche de l'embouchure de la Seine, l'autre sur la rive droite. Quelques-uns ont conjecturé ou prétendu que dans les causes de ce dernier surnom entrait la manière dont François premier avait accéléré l'établissement et la population de sa nouvelle ville, en y invitant, comme jadis Romulus à Rome, des particuliers honnêtes ou riches tombés dans des fautes ou des malheurs *graciables* pour y chercher ou donner de bons exemples. Ainsi fit Henri IV pour Quillebeuf qui, malgré son attachement à la mémoire de ce grand et bon prince, n'a pas conservé le nom d'Henriqueville ou d'Henricarville qu'il voulut lui donner.

je leur déclare ici mon adhésion formelle à l'adresse, à l'acte d'hommage, d'amour et de fidélité que, par une députation solennelle, ils envoyèrent ou présentèrent à S. M. Louis XVIII, le 8 juillet 1815, vieux anniversaire du lendemain de ma naissance, et du jour même de ma croix de St-Louis. J'appuie cette déclaration de la suivante, qui n'est pas moins ingénue.

Sans trop abonder dans mon sens sur les diverses sortes de gouvernement, et sans trop contester les avis différens et contraires, je préfère (surtout chez les nations ou puissances chrétiennes) la monarchie à la démocratie pour le plus grand bonheur interne, la plus grande liberté sociale et la meilleure considération, gloire ou renommée externe des états dont l'étendue passe 50 à 60 lieues quarrées et dont la population passe 50 à 60 mille ames. Sans fatiguer mon lecteur des graves et nombreuses autorités anciennes et modernes que je pourrais citer à l'appui de mon idée, je vais lui en exposer succinctement et clairement les principales raisons.

C'est une vérité généralement sentie, éprouvée, reconnue depuis l'universelle et trop héréditaire maladie du péché originel que dans les grandes masses d'individus de l'orgueilleuse, fragile et très-imparfaite espèce humaine (malgré les priviléges ou supériorités dont l'a douée le créateur sur toutes les autres productions animées qu'il a mises à leur connaissance et à leur portée) que le nombre des sots, des ignorans, des présomptueux, des incapables, des envieux, enfin, des méchans et des vicieux; sans parler des innombrables et simples défectueux, est toujours en très-grande et très-sensible majorité; donc plus on admet, plus on emploie d'hommes aux délibérations, manutentions, opérations et fonctions publiques, plus y devient faible, insuffisante et déconsidérée l'inévitable minorité des talens, des lumières et des vertus. Certes il n'y aura ni témérité, ni flatterie de ma part à dire sous la régence ou la lieutenance-générale de Mgr le premier prince du sang, que la dynastie Capétienne (que je crois branche des Carlienne et Mérovingienne que l'on croit originairement sorties de rois de Germanie du 3 au 5e siècle) a produit de grands et bons princes et jamais d'aussi mauvais que certains monstres de l'antiquité payenne et même de l'histoire tant moderne que du moyen âge. Madame de Motteville en nomme plusieurs dans ses mémoires, auxquels je joindrais les mémoires du cardinal de Retz, ceux du même temps de la fronde, ceux de Joly, secrétaire du duc de Guise, sur la révolution de Naples, et la satyre Ménippée du temps de la ligue, pour en conseiller la lecture à ceux qui trouveront merveilleux, héroïques et glorieux, des hommes et des faits atroces et qui s'engoueront des folles et malfaisantes insurrections de 1789. En général, rien de plus asservi, de plus malheureux et par suite de plus hébété qu'un grand peuple entiché de son impossible et chimérique souveraineté.

Résigné sur l'abaissement et l'obscurité que m'impose la providence dont j'implore la miséricorde pour ma patrie comme pour moi-même, je ne m'arroge aucune prétention d'aucun genre, en usant de ma part du droit qu'on ne refuse pas au décroteur du coin, de dire et de publier son avis: s'il m'est arrivé qu'une parole vraiment offensive pour le public et pour des particuliers me soit échappée, je la rétracte; mais dans un vif amour de la patrie et de l'humanité, joint à la croyance en Dieu, je pense toujours avec St-Jérôme, que la vérité, contente du petit nombre de ceux qui l'aiment, ne craint pas la multitude de ceux qui l'attaquent.

Aujourd'hui 23 juillet 1830, anniversaire de la première victoire remportée en chef en 1758 à Sundershausen par le vaillant duc de Broglie (à qui sa seconde à Bergen, en 1759, procura le bâton de Maréchal de France et fut suivie de sa troisième de Corbach en 1760) je renouvelle à mon imprimeur, qui ne l'exige pas, mais de mon seul et propre mouvement, par délicatesse et bonne foi, toute ma responsabilité personnelle sur le présent imprimé de quelques fragmens épistolaires, religieux, politiques et moraux, tout en l'exhortant à remplir les formalités des usages ou réglemens sur la librairie.

En même-temps je lui renvoie imparfaitement et précipitamment corrigée la dernière épreuve de ces fragmens d'environ 48 pages in-8°, dont les premières par demi-feuilles étaient sorties de presse dès le mois de décembre 1829.

A ceux de mes concitoyens qui me connaissent un peu, même à tous ceux qui parfois ont la patience ou la curiosité de m'entendre ou de me lire, je déclare ou j'avoue mon espérance qu'ils ne trouveront dans ces mêmes écrits aucune matière à me soupçonner du moindre trait de girouetterie, de duplicité, d'arrogance, de témérité. C'est, je crois, d'une manière à la fois ingénue et véridique, sans injure, sans emportement ni précipitation, c'est, dis-je, prudence sans adulation, détour ni pusillanimité.

Tout en me reconnaissant très-faillible en tous points, j'ai toujours tâché de parler, d'agir et d'écrire selon mon sentiment et ma pensée qui ne m'ont jamais rendu aussi intolérant ou tyran de l'opinion d'autrui, que certains adversaires se le sont montrés à mon égard, lorsque par une fermeté juste qui n'est pas un vain entêtement, j'ai voulu consacrer ma part sociale et légale au droit commun de chaque individu pour défendre la sienne avec le plus grand ensemble de force et d'aménité.

O providence! qui par tant de périls, d'orages et de malheurs, m'avez laissé gagner le dix-septième lustre, daignez ne pas me ramener au spectacle des orgies, incendies, massacres, impiétés, vols et servitudes de 1789 à mai 1814, aux St-Barthelémy et aux régicides de 1793. Vous avez protégé ma patrie, ô mon Dieu ! en lui rendant ses Bourbons, en permettant que toutes cocardes portées par ses armées, devinssent bientôt illustres et respectables. Serait-il possible, qu'il se trouvât quelque vérité dans la sombre hypothèse ou rêverie qui me tourmente comme un pressentiment noir !

Verrions-nous, ô Ciel ! les héroïques généraux, les héroïques armées de terre et de mer qui reviennent triomphans de la magnanime et brillante expédition dans laquelle ils ont fait les conquêtes et remporté les victoires les plus glorieuses pour la religion, la civilisation, l'humanité ; les verrions-nous, dis-je, forcées d'échanger à leur retour le panache national et blanc de Philippe-Auguste, de St-Louis, de Charles-le-Sage, de Charles VII, de Henri IV, de Louis XIV et de Charles X, contre une couleur bizarre ou bigarrée que je ne pourrais nommer ici sans l'ordre ou la nécessité qui me rendraient excusable aux yeux d'un si grand nombre de Français.

ADDITION DU 27 JUILLET 1830.

Quels bruits épouvantables, parvenus jusqu'à ma solitude champêtre, viennent frapper mon oreille, étourdissent mes sens, déchirent mon cœur !! Une foule inquiète et bien intentionnée me témoigne sa confiance et me demande conseil sur des récits que je ne pourrais répéter sans hérisser, frémir et gémir, sans me rappeler le fameux *horresco referens* du 2ème livre de l'Enéïde. Cet hémistiche revenait de même à ma mémoire et sur mes lèvres le XI août 1792, lorsqu'en observant les affreux dégats de la veille (que d'habiles chronologistes regardaient comme l'anniversaire (1) des deux grandes ruines et prises de Jérusalem par Nabuchodonosor et par Titus), je m'arrêtai triste et rêveur, devant le Laocoon des Tuileries attaqué par de monstrueux Serpens ; ô, m'écriais-je alors à voix étouffée, les bras serrés contre mon corps, les yeux humides, tantôt levés au ciel, tantôt abaissés sur la terre : *omnipotens pater, judex, protector et amice, salva lutetiam, galliam, regiamque familiam* ; *Domine salvum fac regem* …
Homo superbe, pulvis es et in pulverem reverteris, formavit Deus hominem de limo terræ ; puis en respirant, soupirant, et reprenant haleine et courage, *et tamen hunc misericors et bonus Deus creavit.*

---

(1) Usser et Bossuet ont suivi cette chronologie.

Domine salvum fac regem , salvas fac regiam familiam et gallicam gentem.

Je ne traduirai pas ce latin d'église que j'improvisais il y a 38 ans, parce que dans un temps où l'esprit de parti qui ne sera jamais l'esprit de patrie, empoisonne tout ce qui sort d'une opinion contraire à la sienne, ma version pourrait devenir suspecte de nargue ou d'ironie contre une jeunesse que j'aime et j'estime trop pour qu'aucun de ceux qui la composent me soupçonne d'aucune intention maligne ou piquante. Egalement incapable de la blesser et de l'aduler, j'oserai lui dire une exacte vérité; c'est que la plupart des étudians sous Louis XV, aux colléges des Jésuites et de l'Université, savaient plus de latin dès l'âge de 9 ans, que la plupart des écoliers actuels n'en savent à 12. Hélas! ceux-ci savent aussi bien que moi qu'un adolescent de quinze ans a tort de se supposer assez de connaissance, d'observation, d'expérience et de jugement pour juger et régenter les vieillards instruits, bénévoles et modestes, les rois, les généraux, les ministres, les magistrats, les académiciens, etc. etc.

DERNIÈRE ADDITION DU 31 JUILLET 1830.

J'arrive à 11 heures du soir du Havre où, quoique un peu malade, je suis allé vers 11 heures du matin. Je suis descendu de voiture au *Cercle*, où l'on a eu la bonté de m'accueillir avec la bienveillance et la politesse accoutumée. On y connaît mes égards pour la liberté de toutes les opinions, accompagnées de l'aménité sociale, et certes, je n'y ai pas dissimulé la mienne, toujours exposée sans orgueil, aigreur ni dispute, à ceux qui me la demandent. J'ai reçu les mêmes agrémens de la chambre de lecture, établie près du Grand-Quai, et à laquelle plusieurs de ses membres m'avaient présenté dans ses commencemens très-antérieurs à la formation du *Cercle*. Aussi, j'ai, de temps en temps, l'honneur de leur faire des visites qui n'ont jamais été mal accueillies.

Or, aujourd'hui, après quelques minutes de lecture et de conversation au *Cercle*, je me suis présenté, comme à l'ordinaire, sans affectation ni trouble, dans tous les endroits de la ville, du port et de la citadelle, où j'avais quelque chose à dire ou à faire.

Si (ce que je n'ai pas fait) j'avais partagé quelques instans les alarmes que des citoyens bien intentionnés avaient cru devoir me communiquer, elles auraient été bientôt dissipées ou du moins calmées par l'adoucissement délicieux à la vue de certains objets qui, je crois, dans aucune des opinions marquantes ne satisferont aucun des êtres pensans. Cet adoucissement, dont je suis redevable à ma prétendue témérité, provient d'une juste confiance en la loyauté des vrais Français ; c'est le bon ordre que le bon esprit de la garde urbaine volontaire et des autorités tant établies que provisoires à su mettre au milieu des alertes, troubles et désordres qui, plus encore qu'aux mauvais jours de 1789, 1793 et de trois mois de 1815, s'emblent frapper la France d'une apoplexie foudroyante. Aussi, joindrai-je toujours ma faible voix aux remercimens justes et flatteurs que tous ces excellens conservateurs de la paix et de la sûreté publique reçoivent de la reconnaissance et de l'estime de leurs compatriotes.

Au moment où j'achève cette courte et douloureuse addition, des personnes très-honnêtes et très-liées, quoique ne professant pas les mêmes opinions politiques, viennent ensemble adoucir mon chagrin vif et profond en m'apprenant que le premier prince du sang, auquel, par longue série de circonstances particulières, n'est pas inconnu mon dévoument à notre chère patrie et à notre chère dynastie, travaille avec grande activité à rétablir le calme, l'ordre et la justice chez des multitudes exaltées, soulevées, exaspérées par des motifs ou pour des prétextes qui me sont inconnus. Daigne la providence bénir de si nobles efforts, sauver encore cette fois le bon peuple et le bon Roi, et par là restituer dans toute leur pureté, l'éclat et la renommée de cet illustre palais qui de Cardinal devint Royal, et dans lequel on a prétendu que s'étaient tramés dès 1789, je ne sais quels mystères ou conciliabules politiques dont il m'est impossible de rien juger et dire puisque je n'y fus jamais initié. Il paraît que l'auguste possesseur de ce vaste et magnifique palais devient l'idole, l'espoir et le recours de la grande portion parisienne de la France. Aussi nul des bons français, parmi lesquels on m'a toujours fait l'honneur de me compter, ne le soupçonnera d'une chûte à 57 ans, dans l'erreur où selon quantité d'imprimés, l'on avait tâché d'égarer sa jeunesse.

Sed non est hic locus nec tempus infandum renovare dolorem.
Ainsi je ne tomberai pas dans ces longs et déchirans recits plus propres à rouvrir de grandes plaies qu'à les fermer. Il n'est en la puissance d'aucun mortel de terminer bientôt les malheurs et les mal entendus qui pèsent sur les bons cœurs de toutes les opinions, chez un peuple sensible et brave entraîné si fréquemment à de si formidables insurrections sur tant de précieuses portions de lui-même, et qui dans le délire de ses premiers transports contre ses chefs et ses bienfaiteurs, ne respecte ni les richesses, les monumens et les productions de son propre travail, de ses propres meubles et provisions, ni rien des hommes et des choses qui servent le plus à sa substance, à son aisance, à sa splendeur, à son repos, à son bonheur temporel et spirituel.

Je ne serai donc pas suspect de la vanité de chercher ou

de me croire encore (dans ma 85ᵉ année, qui probablement sera la dernière de ma pénible végétation terrestre) une importance dont je me sens fort éloigné (surtout depuis la chute de mon ancien état public et privé, civil et militaire) lorsque je m'efforce d'être encore de quelque utilité sur le bord de ma tombe, à grand nombre de mes chers concitoyens. Hélas ! quand pourra se faire la publication (retardée malgré moi) d'un plan fraternel de conciliation française, décente et complète, dont l'exécution paraissait aussi facile du 4 juillet 1829 au 4 mars 1830, qu'elle semblerait difficile aujourd'hui; mais dont l'exposition franche et modeste, mise en grande partie sous presse depuis deux ou trois ans, y languit encore, suspendue par des causes bisarres qui, comme je l'ai brièvement déclaré plus haut, ne proviennent ni d'aucune autorité, ni d'aucun club. Il m'est impossible de savoir en ce moment quand cette besogne pourra s'achever et paraître pour rendre hommage non-seulement à la liberté légale de la presse; mais à toutes les libertés constitutionnelles et raisonnables, auxquelles en France, et peut être en Europe, personne n'est plus attaché que moi. Ce que j'ai pu voir, éprouver, lire, observer depuis la révolte du jeu de paume en 1789 jusqu'à la deuxième rentrée de Louis XVIII en 1815 (excepté les dix premiers mois de son séjour à Paris) m'a convaincu très-fortement que la librairie et l'imprimerie ont été beaucoup moins libres (ainsi que toutes les professions et conditions existantes en France) ont été moins libres, dis-je, depuis l'interrègne d'août 1792 à mai 1814 que sous la légitimité de nos rois depuis Louis XVI jusques et compris le loyal et très-national Roi-chevalier, dont je ne prétends pas soutenir l'infaillibilité plus que celle de ses détracteurs, dont j'honore mille beaux traits et surtout sa magnifique entreprise sur Alger, et de qui je ne connais pas de fautes justificatives des injures grossières dont, au fort d'un malheur excessif et soudain, l'accablent tant de langues et de plumes peu généreuses.

Vu l'impossibilité subsistante pour un municipal de campagne, vivotant au fond d'un village dont il fut seigneur et dont il reste l'ami, de savoir à temps et suffisamment le véritable état des choses variantes d'un jour à l'autre, il lui est permis de se croire au *tempus tacendi* plutôt qu'au *tempus dicendi*, sans désespoir de revoir ces jours dont Tacite vante la félicité, lorsqu'on y pense ce qu'on dit et qu'on y dit ce qu'on pense.

C'est pourquoi je me borne à tempérer les grands maux ou chagrins actuels par des vues ou propositions conciliantes pour toutes les classes, toutes les familles, tous les individus honnêtes, en prenant la civique et respectueuse liberté de les soumettre au patriotisme, aux lumières, à l'indulgence de ceux des mes compatriotes qui tiennent de leur mérite et ma réfutation modeste et verbale des passages d'*Emile* et du *Contrat social*, dans lesquels il a l'air de prétendre que la tolérance civile n'est qu'un mal dans la bouche et sous la plume de ceux qui n'y joignent pas la tolérance théologique. Avancer, lui dis-je, que des anges même ne pourraient pas vivre en paix avec des hommes qu'ils croiraient ennemis de Dieu, n'est-ce pas faire une comparaison sans fondement, sans possibilité. Vu l'immense supériorité de lumières, de vertus, de longanimité, de prévoyance que la doctrine catholique reconnaît aux anges sur la nature ou l'espèce humaine, et vu l'invraisemblance qu'entre les hommes qui ne sont pas tout-à-fait fous, un seul puisse ou veuille se déclarer, se croire, se rendre formellement ennemi de Dieu, espérons pour nous et nos semblables que les bons anges, chargés de toucher, diriger, éclairer, secourir nos âmes, ne seront jamais nos ennemis, qu'ils ne nous abandonneront pas auprès du tout-puissant et tout-miséricordieux qui est leur père comme le nôtre, malgré les erreurs, incartades, inconséquences, et variations où pourrait nous entraîner l'imperfection de l'espèce humaine. Je parlais alors selon le dogme catholique chez l'illustre génevois qui s'en rapprochait en ce moment comme dans plusieurs lignes de ses ouvrages.

Les Français les plus dignes et les plus capables de sauver ou de servir leur pays, ne sont pas dupes des charlatans qui prêchent la liberté de la presse, en brisant les presses où l'on n'imprime pas adhésion rampante à leurs rêveries, qui prêchent la liberté civile en incarcérant ou pillant ceux d'un avis contraire, pour s'assurer qu'ils ne prêchent l'égalité que pour l'obtenir et sans aucun soulagement pour les classes ordinaires, mais seulement pour ravaler ces bons français, qu'une jeunesse étourdie et pétulante appelle encore *voltigeurs de Louis XIV*, et dont plusieurs seront bientôt appelés par elle, *voltigeurs de Napoléon*, savent très-bien et reconnaissent qu'en général et de tout temps, l'esprit révolutionnaire, tour à tour anarchique, servile et tyrannique, et presque toujours fanatique, intolérant, envieux, impie, séditieux, injuste et sanguinaire, n'a presque jamais abouti qu'à déreligieuser, démoraliser, déciviliser les contrées ou les nations chez lesquelles il parvient à faire grands et durables progrès. A travers tant de maux, il n'a jamais fait aucun bien qu'une sage république ou qu'une monarchie tempérée comme elles le sont à peu près toutes en Europe, n'en fait encore...

Passons à l'autre article.

3° *Attroupemens.*

Mon désir connu et prouvé de contribuer au calme, au repos, au soulagement de tous mes concitoyens, sans en mécontenter que le moins possible, et mon espérance des succès que la providence peut accorder aux efforts énergiquement actifs et conciliatoires de tant de braves et bons concitoyens pour éclairer, calmer, pacifier, consoler et servir notre patrie.

Une démocratie royale, telle que la proposaient certains membres de l'assemblée, plus digne des noms de subversive et désorganisatrice que de ceux de constituante et nationale, une république sous le manteau monarchique, une monarchie sous le voile républicain, sont autant d'anomalies batardes, hermaphrodites ou monstrueuses, bien différentes des sages contrepoids, combinaisons et mélanges loués par Polybe, pour des raisons qui ne sont pas celles de nos récens novateurs ou plagiaires en démagogie. Je crois avoir suffisamment exposé dans quelques feuilles volantes, les importantes et graves idées et remarques du célèbre historien, négociateur et guerrier Polybe, sur lequel, sans prétendre faire autorité, je suis beaucoup plus de l'avis de Folard et de Rollin que de Denis d'Halycarnasse; je crois avoir non moins suffisamment combattu les propositions de quelques thèses modernes sur la plupart des systèmes qu'ils disent favorables et qui me paraissent contraires à l'amélioration des états actuels et surtout de ceux qui sont à la fois comme le nôtre, industriels, commerçans vastes, peuplés, maritimes et continentaux...............
....
Lecteur, ami de la France et de l'égalité, ne me sachez pas mauvais gré des enjambemens et des sauts inévitables à quiconque ose marcher dans des sentiers obscurs, épineux et rocailleux où la vérité qu'il cherche de toutes ses forces et de tout son cœur, est couverte des chardons et des broussailles du mensonge et de la mauvaise foi....................
....
Peuple français; attendez avec calme l'inévitable révélation des vérités que manifesteront les débats publics et privés de l'accusation que des hommes très-suspects ou trop prévenus annoncent devoir être portée contre un roi constitutionnellement inviolable par la Charte que nous avons tous jurée comme lui, et contre des ministres dont la responsabilité cesserait d'exister du moment que l'inviolabilité du monarque serait détruite ou méconnue. Rappelez vous, chers concitoyens, que le lendemain du 10 août 1792 le capucin renégat et défroqué de Toulouse accusait le château des Tuileries d'avoir assailli la ville de Paris, et que, peu de jours ou d'heures après, il se vantait d'avoir arrêté et concerté le guet à pens dès le 21 juillet avec les comités directeurs de ce temps-là.

S'il arrive que des juges quelconques aient à prononcer sur le plus grand et le plus scandaleux des procès, remercions Dieu d'avoir laissé parmi nous deux Français de naissance, de rang, d'âge, d'expérience et d'intention qui les rendent si propres à confondre, comme Daniel, des calomniateurs comparables à ceux de la chaste Suzanne, propres encore à confondre et réprimer les juges iniques et les attroupemens séditieux du genre de ceux qui préféraient Barrabas à Jésus. Comme les fidèles qui n'auraient plus de champ-d'asile à Gand, sont encore menacés de voir des calvaires abattus dans les places et les églises tricolores, je les invite à lire l'éloquente brochure publiée in-8° à Lyon et Paris en 1828, sous le titre d'*Appel à l'opinion publique pour la justification du Clergé de France, et sa réconciliation avec tous les français*, in-8° de CXI pages, avec cette épigraphe, tirée du grand mot de l'Athénien Thémistocle au Lacédémonien Euribiade, *frappe, mais écoute*.

L'auteur avec force, douceur, éloquence et clarté, réfute les accusations, expressions et dénonciations de *Jésuitisme* et du *Parti-prêtre*, locution maligne et déplacée, vu l'intention de la plupart de ceux qui l'emploient, mais qui dans le fait et pour l'instruction de plusieurs de ceux qui la lisent, sur-tout quand ils ont lu ou entendu le pour et le contre des querelles intentées aux Jésuites et au Clergé, devient un titre d'honneur pour la vénérable compagnie des saints Loyola et Xavier, comme pour tous les vrais catholiques dont le clergé tant régulier que séculier a porté, entretenu, propagé la morale et la civilisation chrétiennes dans presque toutes les contrées du monde connu.

Deux hommes jouissant l'un de la plus grande réputation, l'autre d'une belle quoique inférieure à l'autre, les ont compromises toutes deux par des écarts qui ont fait comparer leur vieillesse et leur situation présente à celles de Tertullien, lorsque dans un âge avancé il se laissa entraîner aux séductions du montanisme. N'ayant pas cessé de les aimer et respecter, malgré la longue interruption que nos aventures, situations, et circonstances ont apporté dans nos rapports, je ne cesse d'espérer leur retour cordial à tous les principes essentiels concernant lesquels j'eus autrefois l'honneur et la satisfaction d'être en parfait accord avec eux.

Je fus peu satisfait de voir M. le marquis de Lafayette nommé commandant de la garde nationale de Paris, plutôt par les révolutionnaires de cette capitale que par le Roi de France, mais je n'eus pas à me plaindre de ce général et je le regrettai beaucoup, lorsque forcé d'émigrer à son tour, il eut certains successeurs dans ce poste dit national dont le dernier occupant sous lequel je fus aussi, comme cent mille autres, seigneur involontaire, était cet ancien domestique, chassé pour méfait, de chez un procureur dont le nom m'échappe en ce moment. Cet indigne, malgré l'avis qu'il reçut en chemin de l'arrestation de Robespierre, eut la basse cruauté de faire marcher jusqu'à l'échafaud de la Grève les charretées d'innocentes victimes entre lesquelles se trouvait la marquise de Kerhoent, née Lopriac de Douges, fille d'une La Rochefoucaut et cousine de ma première femme..

Mais passons l'éponge sur les tristes images que présentent d'affreux souvenirs et d'allarmantes prévoyances. Dans le cas où de sanglantes et terribles luttes renaîtraient dans notre intérieur cruellement troublé, unissons-nous pour recommander aux citoyens qui seraient vainqueurs la modération, la générosité que des français doivent toujours à des compatriotes par eux vaincus et terrassés. C'est ainsi qu'en proférant et propageant en avril 1814 l'acclamation nationale et cordiale *Vive le Roi*, je recommandais à mes frères les royalistes de grands égards pour nos frères bonapartistes. Le sentiment ordinaire et naturel aux partisans de la justice et de la légitimité secondait merveilleusement mes efforts et mes intentions pour le rétablissement d'une concorde sociale et fraternelle ; nous n'éprouvâmes pas les mêmes procédés de la part des factions qui se crurent victorieuses pendant le siècle des cent jours ; mais j'adhérai de cœur, de plume et de bouche à la noble profession de foi que la députation du Havre eut l'honneur de présenter le 8 juillet 1815 à S. M. Louis XVIII.

Dans ces sentimens dont Mgr le premier prince du sang, Lieutenant-Gal du Royaume, n'a jamais pris l'expression qu'en bonne part dans les réponses dont il a honoré mes lettres à chaque époque de bonne année, depuis sa seconde rentrée dans le royaume, je termine la présente *année*, par ces vues d'une adhésion pleine, active et zélée à toutes les mesures d'ordre, de justice et de patriotisme pour lesquels j'ai prouvé l'invariabilité de mes théories et de mes pratiques dans tous les temps où il a fallu se montrer sans masque, sans fureur et sans pusillanimité.

Sur le mariage de S. A. S. *Mademoiselle* (en 1770) avec S. A. S. Monseigr le Duc de Bourbon.

Orléans et *Condé* joignent leurs destinées,
L'hymen et la beauté, l'amour avec l'honneur
Vont de ce couple auguste assurer le bonheur,
Le cortège qui suit leurs traces fortunées,
Le plaisir qui préside à leurs jeunes années (1)

---

(1) J'avais l'honneur de connaître M. Laujon qui fit à ce sujet le joli opéra-comique de l'amoureuse de quinze ans; M. Désormeaux, historien de la maison de Condé, M. le Comte de la Touraille dont la muse légère et badine ne gâtait pas les fêtes de Chantilly, et qui devenu maréchal-de-camp, fut immolé par la secte régicide et nationicide sur l'autel du Moloch de cette fausse liberté qui se débat encore pour relever les sept têtes de sa tête hideuse, sanglante et couronnée de serpens comme les Euménides de la religion fabuleuse à laquelle tant de fous menacent de sacrifier la saine raison.

> Cède encore à l'attrait d'un charme plus flatteur ;
> (Puisses-tu, Dieu prospère, étendre leurs journées !)
> Les plus nobles vertus ont pénétré leur cœur ;
> Et chez eux la bonté règne avec la grandeur.
>
> Mais ce brillant accord n'a rien qui nous étonne,
> Tous deux nés de héros dans la guerre et la paix,
> Tout deux sortis du sang le plus cher aux français,
> Tous deux portant des noms que la gloire environne,
> Comment n'auraient-ils pas les dons les plus parfaits
> Que la terre bénisse et que le ciel couronne ?

Hélas ! mes vœux ardens pour leur félicité temporelle et spirituelle n'ont pas été exaucés sur le malheureux sol où ils ont vu périr, sous les coups d'un usurpateur, assassin, rebelle et parjure, leur fils héroïque, enlevé d'une terre étrangère, hospitalière et neutre par la plus infâme violation du droit des gens, comme de toutes les justices et de toutes les convenances et bienséances. Ainsi que Boileau, *j'appelle un chat un chat*, mais dans le terrible cas dont il s'agit ici, j'aime à croire à la conversion des grands coupables qui pourraient vivre encore, et je ne me permettrai jamais d'en rechercher, nommer ou désigner aucun. Ma respectueuse confiance en S. A. R. Monseig^r le Lieutenant-Général du Royaume m'empêche de craindre le retour des apothéoses des Marat, des Robespierre, Louvel, etc. etc., etc., ainsi que des jours où les dévots enragés de la ligue invoquaient ou canonisaient St-Jacques-Clément. Au moment où ma main tremblante s'efforce de tracer un peu lisiblement cette pénible et véridique apostille, mon cœur est de nouveau déchiré par la communication fortuite des récits d'un voyageur que je ne connais pas et dont on me parle avantageusement sans me dire son nom. Parti de Paris, hier 30 juillet vers midi, il a dit aujourd'hui auprès du Havre que le premier rapport des violentes scènes de Paris, avait en quelque sorte r'ouvert les blessures physiques et morales du sensible Duc de Bourbon, oncle de Monseig^r le Lieutenant-Général du Royaume ; on disait que S. A. R. était tombée dans une mélancolie allarmante. Ce bon prince a donné à son illustre neveu les preuves du même attachement que feu Mme la Duchesse d'Orléans portait à son aimable belle-sœur Mme la princesse de Lamballe que nos prétendus régénérateurs ont fait périr d'une manière encore plus atroce que celle de l'infortuné Louis XVII, à la suite des barbaries du cordonnier Simon, dont les sages ou les meneurs de la révolution faisaient le Mentor de l'infortuné prince, dont il se rendit le bourreau, et qui fut le dernier titré *duc de Normandie* avant que cette province illustre, dont je suis originaire, eût comme toutes celles du royaume perdu ses avantages, ses prérogatives et jusqu'à son nom............

Je vais donc faire encore trève aux lamentables impressions, tableaux et souvenirs des jours présens et des huit derniers lustres de notre histoire, par cette copie littérale des vers que, sous l'uniforme de major de cavalerie, j'eus l'honneur de présenter et de réciter à madame la princesse de Lamballe, de la maison régnante de Sardaigne, amie de notre reine Marie-Antoinette et bru de monseigneur le duc de Penthièvre, belle-sœur de madame la duchesse de Chartres, depuis duchesse d'Orléans, dans une fête que S. A. S., la veille de son départ des états de Bretagne, ouverts en 1774 par monseigneur le duc de Penthièvre, gouverneur de la province, recevait de M. le général, marquis (depuis duc) de Serent, et de madame la marquise (depuis duchesse) née Montmorency. (1)

> Vous que nos yeux vont perdre, et que nos cœurs vont suivre,
> Voyez quels sentimens éclatent dans ce jour,
> Tandis qu'à la douleur votre départ nous livre,
> Ailleurs on est charmé de votre prompt retour ;
> De votre seul aspect tout un peuple s'énivre
> Et Rennes et Paris auront chacun leur tour ;
> Le bonheur avec vous changera de séjour.
>
> Allez, céleste objet de respect et d'amour ;
> Allez où le destin vous ordonne de vivre :
> De notre jeune Reine embellissez la cour ;
> L'épouse de Louis, la fille de Marie,
> Partageant d'un bon Roi les travaux assidus,
> En frivoles plaisirs ne perdra point sa vie,
> Ses jours seront marqués comme ceux de Titus ;
> Nullement ébloui de la splendeur du trône,
> Son œil cherche en nos cœurs l'éclat de la couronne.
>
> Et vous, princesse, et vous qui l'observez de près,
> A cette auguste souveraine,
> Belle par ses vertus comme par ses attraits,
> De votre douce voix l'éloquence certaine
> Peindra de fidèles sujets ;
> Que l'amitié qui nous enchaîne
> Soit pour les vrais Bretons, soit pour les vrais Français
> Un présage nouveau de ses nouveaux bienfaits.

Je fus jadis en Bretagne (vers 1790) membre, 1° de la première *Société patriotique bretonne*, autorisée par le gouvernement, fondée et présidée par le comte de Serent, 2° de la

---

(a) Les colonels Comte de Rieux et Marquis du Guesclin, morts depuis 30 ou 40 ans, derniers mâles de leurs grands noms, siégeaient à cette tenue pendant laquelle, comme dans toutes les occasions antérieures et postérieures, j'ai tâché de servir et concilier les grands intérêts du Roi et de la patrie que je crois toujours indivisibles. En 1775 ou 1776, Monseigr le Duc de Penthièvre me gratifia de son portrait dont la perte, causée par les déménagemens, captivités, visites et calamités révolutionnaires, tient rang parmi celles qui me furent très-sensibles. Elles me rappellent aussi les souffrances que la révolution fit pleuvoir sur sa vieillesse et ses vertus, comme sur son adorable fille.

Frécrie de Guingand dont j'appliquais à nos états, fortifiés du triple rempart des 3 ordres frères, la belle devise tirée de Salomon, *funiculus triplex difficile rumpitur.*

4° *Des sermens, des démissions et de l'émigration.*

Attendons-nous à beaucoup de refus de serment et d'offres de démissions de grand nombre d'excellens français à la délicatesse desquels d'autres non moins dignes de confiance, de respect et d'admiration s'empresseront de payer ou de rendre les hommages et tributs d'une juste reconnaissance et de la plus haute estime, quoique, malgré l'identité d'impressions, de sentimens et de vœux, leurs prévisions, leurs conjectures, leur conduite ne soient pas les mêmes dans la terrible circonstance qui ne peut se présenter à tous les yeux sous une face uniforme.

Ainsi...

Lettre écrite le 4 août 1830 d'une habitation du pays de Caux par l'éditeur à l'auteur.

Monsieur le Vicomte,

Il nous faut renoncer à l'agréable mais illusoire espérance de voir aujourd'hui sortir de la presse tout votre manuscrit de *fragmens épistolaires*. Les articles postérieurs à l'écrit du 12 juillet sur l'élection du Havre, achevés le 31 juillet, sont arrivés à l'imprimerie le 1er août, mais le travail typographique sera nécessairement bien plus long que ne l'a été votre composition.

1° Il faut au préalable terminer quelques-uns des morceaux qui les précédent, et sur lesquels vous savez que les pages tracées de votre main donneront quelque tablature aux typographes.

2° Dans le tourbillon des circonstances qui remuent la France et l'Europe entière, vous ne serez étonné ni fâché que l'imprimeur donne parfois une préférence de goût ou d'opportunité à quelques-unes des innombrables feuilles rapides et fugitives sur les affaires du temps.

3° L'auteur, l'éditeur et l'imprimeur vivent à certaines distances qu'on ne franchit pas facilement dans les mauvais temps et tous les trois sont également exposés aux affaires, accidens et maladies propres à causer des interruptions ou suspensions dans leur besogne.

Au surplus, M. le Vicomte, d'après notre inaltérable amour de la patrie, et notre commune soumission aux décrets de la providence, j'espère que la saine partie des lecteurs qui peuvent faire autorité, vous saura gré, 1° de la naïve candeur avec laquelle vous vous exprimez sur l'état et les événemens de la France, depuis la fatale révolution jusques et compris le 31 juillet; 2° de la noble et prudente loi que vous vous imposez de ne soutenir que ce qui vous semblera justice, bienséance et vérité, sans jamais chercher à tromper, blesser ou flatter personne; 3° de n'achever l'impression et de commencer la publication de vos idées, moyens, plans et propositions par une équitable, générale et fraternelle conciliation, pour une douce et solide pacification française, qu'après vous être mis en état de bien connaître les hommes, les causes, le but et le résultat de la formidable et récente phase de nos lunes révolutionnaires.

Ainsi que vous l'avez dit et prouvé, Monsieur, l'esprit de famille concorde merveilleusement avec l'esprit de patrie. Par tout ce que j'éprouve ainsi que vous au fond de ma tête et de mon cœur, je sens combien votre belle ame est tourmentée de tout ce que nous voyons entre la dangereuse fièvre de la France et l'agonie de mon alliée, votre cousine germaine, mademoiselle Le Roux de Touffreville du Roule, nonagénaire, fille et sœur d'anciens et braves gentilshommes et militaires, morts depuis long-temps. L'état où je viens de la voir chez vous, qui l'avez si noblement accueillie ou recueillie depuis environ sept ans, me persuade qu'elle n'a plus cinq semaines à vivre. (a)

Elle va donc s'éteindre sous vos yeux, sous ceux du respectable pasteur qui lui a porté les derniers sacremens de notre sainte et fortifiante religion, dans les bras de madame la Vicomtesse dont elle a reçu tant d'attentions, que j'ose dire filiales, fraternelles et maternelles........................
....

Des retards accidentels n'ayant pas permis d'achever avant septembre cette impression qui pourrait traîner encore jusqu'en octobre, je ne crois pas désobliger les parens de feu mademoiselle de Touffreville, dernière de sa branche, en avertissant ici que sa famille avait des alliances tant directes que collatérales (ainsi que monsieur le vicomte de Toustain, son cousin), avec deux autres également nobles de la Seine-Inférieure ou du pays de Caux, quoique l'identité de nom ne fut pas soutenue de l'identité d'armoiries dans ces trois anciennes races. 1° Messieurs le Roux, Vidames et Barons d'Enneval, seigneurs du Bourgtheroude, Cambremont, Acquigny, etc., masculinement éteints; 2° Messieurs le Roux de Touffreville, dont il reste encore la branche des ex-seigneurs d'Imonville, barons de Cretot, et les ex-seigneurs de Ricarville et du Frugueray; 3° Messieurs le Roux ex-seigneurs des Trois-Pierres, Du Coudray, et d'Igneauville dont il ne reste qu'un chevalier de St-Louis et deux de ses neveux en bas âge.

(a) Elle est morte le 5 septembre 1830, selon le journal du Havre du 8.
(Note de l'imprimeur.)

ERRATA.

Omis au tirage de plusieurs exemplaires, ou aux corrections de l'épreuve des pages précédentes.

Entre les pages III et IV, et la page IX, quatre pages qui comme toutes les autres de ces fragmens doivent être numérotées en chiffres romains, l'ont été par inadvertance en chiffres arabes ou indiens.

Page VII, ligne 4, en remontant *Lamerais*, lisez *Lamenais*.

Page IX, *Observations sur le récit commencé au bas de cette page et achevé au milieu de la page suivante*. Je n'ai pas sous les yeux les mémoires de Catel sur le Languedoc, ni l'Histoire de cette province par Dom Vaissette et Don de Vic, mais je me rappelle avoir lu, soit dans ces livres, soit ailleurs, l'aventure fort tragique d'un vicomte de Narbonne d'environ le XIIe siècle dont quelques vassaux eurent querelle avec des bourgeois de cette ville, également ses vassaux. L'orgueil citadin plus fort que l'étourderie ou même les excuses de la modeste noblesse champêtre demanda la mort de tous ceux dont il croyait avoir à se plaindre. Le vicomte s'empressa de promettre bonne et complète justice et pria seulement d'attendre que son juge ou son tribunal entendît et confrontât les témoins, puis prononçât la sentence. L'inexorable courroux de cette arrogante et soupçonneuse multitude prit des représentations si naturelles, honnêtes et légitimes pour une défaite perfide et s'emporta jusqu'à massacrer non-seulement ce brave seigneur désarmé, mais encore d'autres personnes nobles et non nobles, ecclésiastiques et laïques entre lesquelles un pieux et charitable évêque qui s'était courageusement glissé dans la foule, pour tâcher de la calmer.

Les récens flatteurs de la populace et détracteurs du peuple ont exhumé cette anecdote de nos vieilles chroniques avec des couleurs et des intentions qui ne sont ni véridiques, ni généreuses ni justes.

Page XIII, ligne 5, *l'aîné*, lisez *cet aîné*.

Page XI, vers le milieu du texte, *pre téritas referet*, lisez *prœteritos referat*.

Page XVI, sur l'avant-dernier *alinéa*, j'espère ne pas déplaire au lecteur par cette annotation.

Tout en réfutant les plus spécieux, les plus sanglans, les plus injustes reproches qu'une jalousie délirante et colère a suscités contre cette honorable noblesse dont aucun membre ne prétend à l'infaillibilité, mais dont tous les rejetons de toute date, plus amis que rivaux des braves et des bons de toute classe, aspirent à la vertu; je me propose d'exposer dans mon plan de conciliation française les moyens de justice et d'utilité sociale propres à l'indemniser en partie, à la consoler presque entièrement de la perte du débris des prérogatives les plus chères pour elles et les plus satisfaisantes pour les sages de tout rang, qui lui restaient le 3 mai 1789, et dont l'envieuse et l'ignoble révolution n'a rien ménagé ni respecté.

Page XXIII, ligne 10, *versalité*, lisez *versatilité*.

Page XXXV, le compositeur ayant oublié de rejeter à la fin les notes du chapitre de *l'Election du Havre*, l'auteur invite à ne les lire qu'après une première lecture de tout le texte de ce chapitre.

Page XXXVII, à l'avant-dernière ligne du premier alinéa de la note, *collectivement*, lisez *collatéralement*.

Pages XXXVI, XXXVII et XXXIX, la répétition d'à peu près la même pensée en termes variés, mise dans une note de chacune de ces pages, vient de la rapidité avec laquelle l'auteur, qui n'avait alors sous les yeux ni la minute, ni sa copie, était parfois forcé de refaire ou remplacer à la hâte et de mémoire des parties de pages égarées soit chez lui, soit chez l'éditeur ou l'imprimeur, tous éloignés les uns des autres de plusieurs lieues.

Page XLII dernière ligne du texte; Il pourrait se trouver des critiques auxquels on n'aurait pas tort de faire observer d'avance que les deux mots *cette bagatelle* s'appliquent à la remarque du 20 juillet, non pas à l'article de l'*Élection du Havre*, dont la première édition réimprimée ou répétée dans le présent cahier avait été remise le 10 ou 11 juillet à la première presse dont elle était sortie le 12, jour où beaucoup d'exemplaires furent immédiatement distribués.

2° Page LV première ligne du texte du dernier alinéa, effacez *ne* et *pas* avant et après *consiste*; puis à la seconde ligne du même alinéa sur la *Tolérance*, substituez *non* à *mais*.

Page XLII, première ligne de la note, 1815, lisez 1816.

Page XLIII, première du premier alinéa *muninicipal*, lisez *municipal*.

Page L, ligne 9, *mais dont*, lisez *mais elles*.

Page LIV, ligne 8, mettez une virgule entre *inspirations* et *vocations*.

Même page, ligne 21, *je pourrais ne plus bien*, lisez *peut-être m'arriverai-il de ne plus rien*.

Même page, ligne 4 en remontant, *je m'abstiendrai*, lisez *je m'interdirai*.

Page LV, commencer ainsi les deux premières lignes du dernier alinéa ou paragraphe sur *la tolérance*. Ceux dont

le patriotisme consiste dans la bienveillance et l'attachement aux hommes de leur pays, non dans la haineuse, etc.
....
....

Vu l'incertitude où me met l'absence de beaucoup d'épreuves et d'écritures, outre ma longue distance de l'imprimerie, l'affaiblissement de ma mémoire et le tiraillement de quelques indispositions et de beaucoup d'affaires, je vais placer ici une annotation de bon Français à la suite immédiate de cette légère correction de la première ligne de la page xxv, quoique cette page ait été imprimée plusieurs mois avant la composition de mes articles des 23, 27 et 31 juillet que les délais typographiques et quelques circonstances fort impérieuses m'ont forcé de mutiler un peu.

Aussi dans la sincérité d'un homme qui n'a jamais commis de personnalité choquante, qui n'a jamais abusé de la liberté de la presse au point, ou d'insulter ou de flagorner les corps et les hommes puissans, d'abandonner les innocens de toute classe et de tout rang tombés dans le malheur, de tyranniser qui que ce soit de ceux que certainement nos vestiges presque effacés de la plus belle civilisation mettaient encore un cran plus bas que l'abaissement révolutionnaire où les inversions et transpositions des nouvelles inégalités ont réduit les anciennes distinctions et supériorités.

Par suite des faux systèmes d'après lesquels Turenne, digne Maréchal de France à 32 ans, eut été tout au plus d'après son âge, chef d'escadron ou de bataillon; d'après lesquels encore le Roi, qui, depuis mai 1794 jusqu'au 30 juillet 1815, pouvait faire à volonté des pairs de France sans grands services, et cordons bleus, sans naissance et sans preuves, perdait le droit et la puissance de faire un Rohan, un Montmorency, un Mortemart sous-lieutenant pour son début au service, à moins qu'il n'eut été dans certaines écoles dites tantôt royales, tantôt nationales, dont, sans blesser les autres, on peut dire que celle qui portait le nom de St-Cyr avait le mieux conservé les maximes patriotiques et chrétiennes qui justifiaient en juillet dernier sa localité, sa destination primitive et sa dénomination préservatrice.

Je ne crois pas...

Page LXII, *à l'article sur les Sermens*, je crois devoir cette annotation. Pendant les retards de l'impression sont arrivés des événemens qui certes autorisent, justifient, nécessitent, commandent le silence d'un ex-pensionnaire du roi martyr(1),

---

(1) Je ne me suis jamais rendu frondeur des ministres de la restauration qui, sous prétexte de je ne sais quels réglemens de 1790, année de la suppression

de la maison d'Orléans et des Etats de Bretagne. Cette province dont j'étais devenu l'un des enfans adoptifs, se glorifiera du courage et de la conduite de monsieur le Comte de Kergorlai, que je n'ai jamais eu l'honneur de voir, à moins qu'il ne soit un des officiers généraux de son nom à qui je rendis autrefois mes hommages, mais dont le nom, le mérite et la réputation décorent les listes de la pairie, telle qu'il a plu à Louis XVIII de la composer. Il n'est point étranger à la Normandie, ma province originaire, puisqu'un rameau de sa maison s'y établit, vers 1511, y forma des alliances avec plusieurs familles nobles que je lui nommerais bien si j'avais l'honneur de le connaître, et ne s'éteignit que vers 1700 après avoir transmis par mariage une belle terre à la noble mère et grand'mère de deux maréchaux-de-camp consécutifs, mes alliés, dont le premier fut un de mes prédécesseurs aux pages de Louis XV, où le marquis de Houdetot, son gendre, immolé sous la hache révolutionnaire, et avec lequel j'avais aussi plus d'une affinité ou consanguinité, fut un de mes successeurs.

Le détail presque domestique que je vais parcourir très-rapidement aboutit à une certaine vue de bien public dont j'espère qu'aucun lecteur impartial et probe ne me saura mauvais gré.

---

de la noblesse, et de 1792, année de la chute absolue du trône, ont repoussé les réclamations et recommandations de mes chefs civils et militaires pour me procurer ombre d'indemnité soit honorifique, soit pécuniaire de mes énormes pertes et calamités. C'est en vain qu'on leur représentait que l'infâme convention elle-même touchée de mon abandon spontané de quelques autres grâces non moins honorablement acquises, m'avait laissé jouir jusqu'à la fin de 1793 (époque du plus long de mes iniques embastillemens) d'un traitement militaire et provisoire accordé dès 1774 en même-temps que le grade supérieur dont alors deux années comptaient pour une de colonel afin de parvenir au rang d'officier-général.

En vain mes supérieurs ajoutaient-ils à mes services et motifs personnels les malheurs de presque toute ma famille paternelle, maternelle et nuptiale, ceux de ma mère, dont la maladie avait tourné à la mort en apprenant l'arrestation du Roi à Varennes; ceux de ma première épouse, morte de chagrin pendant ma captivité républicaine; ceux de mes fils dont un mort à la Guadeloupe, et l'autre massacré à St-Domingue avec son beau-frère, son fils, son épouse, ma première bru, dont le père militaire était de l'ancienne chevalerie de Poitou, et dont la mère était petite-nièce de nom et d'armes du chevalier de Court, lieut^t-gén. des armées navales, illustré par une victoire navale qu'avec des forces inférieures il remporta vers 1748 sur l'amiral Matheus, de l'attaque duquel il dégagea deux vaisseaux de ligne espagnols qui s'étaient battus avec une intrépidité merveilleuse avant d'être par lui secourus. J'ai beaucoup gémi des distractions et méprises de certains bureaux contre lesquels, en temps plus favorables, je me serais abstenu d'une plainte qu'il serait odieusement lâche de former aujourd'hui.

L'ancienne et chevaleresque famille du premier mari de ma sœur aînée et consanguine, est venu de Bretagne en Normandie vers 1430 : mon neveu maternel, jadis élève de S. M. Louis XVI à l'école militaire, en est le seul rejeton mâle depuis que des assassins soi-disant patriotes ont massacré deux officiers de son nom, l'un à Quibéron comme émigré, l'autre chez lui pour avoir donné l'asile et facilité la fuite d'un bon prêtre. Or cet infortuné neveu maternel vient aussi d'être dépossédé d'un chétif emploi que je lui avais procuré non sans peine, et que sa position lui rendait nécessaire. D'un autre côté dans le ci-devant Orléanais, un parent de feu ma mère vient de perdre une place beaucoup plus importante malgré les charges de ses pères auprès de plusieurs branches royales, désignées sous le nom de ducs d'Orléans, depuis celui qui fut assassiné par ordre d'un méchant duc de Bourgogne jusques et compris celui qui pourvu d'un grand mérite civil et militaire fut brigadier des armées du roi, obtint par longs et brillans services l'érection de sa principale terre en Comté, mourut (1) major des gardes du régent qui survécut à mon grand-oncle, Pierre-Jacques de Toustain, aide-de camp de S. A. R., attaché avec distinction à son service comme il l'avait été d'abord à celui de son père, frère de Louis XIV.

Mais revenons au comte de Kergorlai et sans traîner longtemps mes vielles jambes, vacillantes sur des charbons enflammés, couverts d'une cendre trompeuse, invitons ceux qui ont accès auprès de S. M. LOUIS-PHILIPPE à prier le Roi des

---

(1) Par une fatalité singulière mais beaucoup plus étonnante qu'affligeante pour quiconque, avec une certaine force d'ame, a tant soit peu conversé, lu, vu et réfléchi, un magistrat distingué, petit-neveu de cet officier-général vient de perdre une place dont il s'est toujours montré digne, et cela pour la délicatesse d'honneur et de conscience qui l'a fait reculer devant le serment dont tant de voix et de plumes me paraissent avoir démontré l'intempestivité, l'abus et tout au moins l'inutilité Un ancêtre direct et paternel de ces deux gentils hommes de son nom, conseiller au parlement de Paris en 1436, avait donné, sous la toge de magistrat à notre brave roi Charles VII, des preuves de dévouement équivalentes à celles que ce prince avait reçues de mes ascendans contemporains, sous l'armure des écuyers et chevaliers. Si monseigneur Louis-Philippe d'Orléans, mort en 1785, n'avait fait qu'un rêve à la façon d'Epiménide, il aurait quelque surprise en revenant au monde, d'y voir encore en destitution, sous le règne de son petit-fils, le seul frère vivant de Louis-Philippe de Toustain, le seul mâle existant du mariage conclu par ses bontés en 1769, déchu d'une place importante qu'il avait toujours cru remplir et gérer d'une manière tellement exemplaire que S. M. Louis XVIII avait récompensé ses travaux tant militaires qu'administratifs par la décoration de la légion d'honneur.

Français d'étouffer l'intempestif, bizarre et scandaleux procès que des esprits égarés et passionnés s'avisent d'intenter à ce noble rejeton de l'ancienne chevalerie bretonne.

A la seule exception de monseigneur le duc d'Angoulême, quand il vint au Havre en 1817, je n'ai eu l'honneur de voir aucun de nos rois ni de nos princes depuis le fatal 20 mars 1815, que je fus contraint de m'échapper de Paris. En supposant que S. M. régnante se souvienne de moi, peut-être se rappellera-t-elle aussi combien je suis incapable de manquer à son rang, à sa puissance et à tout ce qui me paraît justice, convenance et vérité..
....

Lettre de l'Auteur à l'Editeur.

Mon cher abbé, depuis 1824 jusqu'en 1829, inclusivement, je célébrais avec une solemnité tout-à-fait villageoise, cordiale et modeste, ma fête de St-Charles, coïncidante avec celle d'un personnage auguste, pour qui j'aurais donné le sang que je lui sacrifierais encore si ce dévouement inviolable lui devenait de quelque utilité.

Cependant il ne peut se ressouvenir de moi qui n'eus que des occasions rares de lui faire ma cour, et n'ai pu le rejoindre ou le saluer depuis la catastrophe de mars 1815, après laquelle je n'ai pas encore pu revoir Paris ni la cour. Si j'eusse prévu que l'impression du présent cahier durerait si long-temps, je l'aurais plutôt supprimé que de l'allonger par divers morceaux que j'ai cru nécessaires afin que l'utilité générale qui me paraissait devoir en résulter ne fût pas anéantie par le retard de leur publication.

Aujourd'hui, cher et patient éditeur, que l'à propos et l'opportunité de quelques passages me paraissent manqués par les obstacles, suspensions et délais survenus successivement au travail typographique, je m'empresse de vous remercier ainsi que M. l'imprimeur de la complaisance avec laquelle vous vous êtes tous deux conformés aux lacunes et retranchemens qui me préservent d'un inconvénient ou désagrément très-sensible pour un écrivain tant soit peu délicat. Mes principes et mes pressentimens de juillet dernier se sont tellement accomplis ou vérifiés jusqu'au 5 novembre, triste anniversaire de la funeste journée de Rosbach en 1757 (jour où je griffonne ces lignes explicatives et supplémentaires) que l'apparition tardive de ce cahier, si je n'en avais rien retranché, me ferait encourir le risque de ressembler à ces charlatans qui semblent vouloir paraître avoir prophétisé les événemens déjà passés, lorsqu'ils se donnent les apparences de les avoir annoncés et conjecturés bien avant leur accomplissement.

Bien m'en a pris de n'avoir rien écrit de la plus hasardée

comme de la plus fausse des espérances que j'avais formées et dont, malgré ce qu'il pourrait en coûter à mon amour-propre, je ferai le sincère aveu dans ma *Conciliation française*, par amour pur de la vérité, de la patrie et de toutes les branches de la dynastie légitime des Bourbons.

C'est pourquoi, cher éditeur, je vous prie de partager avec M. l'imprimeur, les remercimens que je vous fais à tous deux pour avoir soigné les suppressions ou lacunes peut-être aussi désirables pour le lecteur que pour l'auteur. Les observations, études, lectures, conversations et méditations de ce dernier, le préservent de toute surprise au milieu des choses les plus faites pour étonner; mais en fortifiant sa résignation, il s'en faut de beaucoup qu'elles puissent émousser sa sensibilité naturelle et son activité morale.

Page LVII entre le titre *attroupemens* et l'alinéa *Mon desir*, 2eme ligne en remontant, *mettez ou lisez*: sous l'assemblée dite *nationale* ou *constituante*, sous la *Législative*, sous le *Directoire*, sous la *Convention*, sous le *Consulat*, sous l'*Empire*, sous les diverses constitutions tant positives de nom que suspensives de fait, qui ont précédé les deux chartes sous lesquelles un particulier sans influence n'a jamais tort de se résigner et de se taire, j'ai vu beaucoup de jours où deux français, quoique admis sur le papier à la participation des libertés et souverainetés populaires, ne pouvaient se rencontrer dans les rues de Paris, de Lyon, Marseille, Rouen, ni s'y donner la main, s'y souhaiter le bonjour, sans qu'une sentinelle armée, ou qu'un homme de police ne vînt leur dire, ne fussent-ils que deux ou trois, *pas d'attroupemens, passez vîte votre chemin*, sinon gare le violon du corps-de-garde ou le guichet de la prison.

Ce qui s'est passé dans la guerre, en tous les temps et dans tous les pays où s'élèvent de grands troubles intestins, a fait conclure à beaucoup d'observateurs et de penseurs que les attroupemens formés par les manœuvres ou dans l'intérêt des factions dominantes sont traités d'assemblées admirables, d'entreprises salutaires, glorieuses, dignes d'une population héroïque et souveraine, tandis que les rassemblemens et les réclamations du parti vaincu sont injuriés, regardés et poursuivis comme vils efforts et vils outrages de populace et de canaille rebelle et mutinée. C'est ainsi que les portions discordantes d'un peuple qui se dit et se croit souverain s'entre-honorent, s'entre-aiment ou s'entre-mitraillent; l'ensemble des circonstances de ma délicatesse et de ma position m'interdit jusqu'à nouvel ordre la publicité d'aucune des opinions que certains rapports (en supposant que j'en obtinsse les détails et les certitudes réservés aux seuls juges) pourraient me suggérer sur un très-noble pair de France dont, sans qu'il se doute peut-être de mon existence, je crois avoir l'honneur d'être le confrère dans l'ordre de St-Louis, comme je le fus de ses parens aux Etats de Bretagne. A ces motifs plus que suffisans pour m'intéresser au sort d'un concitoyen se joint le souvenir de quelques-uns de ses titres, qui, confrontés avec ceux de ma famille que j'ai pu soustraire aux ravages ultravandaliques qui avaient enlevé ou détruit ceux que j'avais produits aux commissions de ces Etats et au parlement de Rennes, ainsi qu'aux généalogistes de la cour m'apprennent que quelques-uns des ascendans du seigneur de Kergorlai et des miens, dans nos lignes directes et paternelles, auraient pu se trouver compagnons d'armes sous les règnes de Philippe-le-Hardi et du St Roi Louis IX son père.

Les mêmes causes ou considérations me commandent la même réserve et le même silence sur les accusateurs ou dénonciateurs de ce digne membre de la chevalerie Bretonne et de la pairie française, en qui ses antécédens et son nom me font espérer que la nation trouvera toujours un digne enfant et serviteur, un vrai défenseur de nos libertés, de nos droits et de nos devoirs. Cette vérité subsisterait quand même il partagerait les doutes dont je fais l'aveu sur la réalité des souverainetés populaires attribuées à des nations étendues et nombreuses. J'en dirais autant du dogme politique du seul pouvoir humain substitué à la croyance religieuse du pouvoir divin dans le chef suprême, ou les premières autorités des gouvernemens.

Je doute que l'idée du pouvoir humain soit aussi propre que celle du divin à l'accomplissement des commandemens non tyranniques, à l'annoblissement de l'obéissance non servile. Quant aux sermens, sans parler du refus du St-Louis, sous le sabre des Sarrasins; ni d'autres exemples de héros chrétiens dans toutes les conditions, je me contenterai pour un moment de citer un exemple mémorable de l'histoire des célèbres payens: C'est le refus de serment du vertueux patricien *Marius* au farouche plébéien *Saturninus*, rapporté et loué par le sage Plutarque dans la vie du parvenu *Marius*, encore plus féroce et plus cruel que le noble Sylla ; aucun des deux ne mérite d'être proposé pour modèle à de bons français.

O Miseras hominum mentes : O pectora cœca ! . . . .
Page xxv entre ciel *et* et, ajoutez *nos prières*.

LETTRE DE L'AUTEUR A L'IMPRIMEUR.

Nuit du 21 au 22 novembre 1830.

Voilà, monsieur, près de onze mois que les premières pages de ce cahier sont imprimées, et pendant les indevinables obstacles et retards qu'ont éprouvé les suivantes, d'inouis incidens généraux et particuliers y ont occasionné, commandé, nécessité des suppressions, des allongemens et des annotations en quelque sorte réparatoires des à propos que ces délais nous ont fait manquer.

Je supprimerai peut-être, les deux lettres raisonnées, amicales et franches à d'honnêtes protestans et catholiques des deux sexes dont le libéralisme bénévole et modéré s'est contenté de ma parfaite tolérance civile sans indifférence, et s'est rapproché de mes opinions ou principes politiques, depuis qu'ils ont vu les excès que je prévoyais de la part des chefs et de plusieurs agens de leur parti.

J'ajourne ou réserve à notre future brochure de la *Conciliation française*, l'exposition claire de mes idées sur les moyens du plus parfait accord possible entre nos institutions ou constitutions sociales et la religion qui, de l'aveu même de ses plus ardens contradicteurs, n'a pas cessé d'être celle de l'état, ou toujours nationale en France, puisque, sans remonter aux nombreuses églises gauloises, françaises, fondées avant et depuis le baptême de Clovis, et, même à ne compter que du sacre de PEPIN *le Bref*, ils conviennent qu'elle n'a pas cessé d'être suivie de la grande majorité des Français.

Certes il m'arrive, comme à une infinité de mes plus respectables concitoyens, de gémir amèrement et profondément sur beaucoup de choses, entre autres sur certains sermens et sur les secours ou du moins la commisération due à d'illustres accusés; celle-ci ne diffère pas de celles de saint Chrysostôme, telle que les rapportent Rollin, dans son Traité des Études, et Fleury, dans son Histoire Ecclésiastique. Avec le plus profond respect et la plus naïve candeur, je me suis permis d'ouvrir mon cœur à Monseigneur Louis-Philippe de France, d'abord en juin 1790, chez son auguste mère qui daigna m'en remercier, puis tant verbalement qu'épistolairement depuis son retour de sa première émigration en 1814 et de sa seconde en 1815, année depuis laquelle des incidens, qui lui sont étrangers, m'ont empêché de lui reporter de vive voix mes très-humbles et très-sincères hommages, bien que j'aie profité, plus dans des objets de bien public que dans des vues personnelles, de la bonté qu'il avait de me répondre à tous les mois de bonne année, et dans quelques circonstances particulières.

Au sortir de nos élections de juillet dernier, je me proposais, d'après certaines rumeurs inquiétantes, d'aller soumettre au prince, et par lui au Roi, son plus proche parent après ses enfants, des vues qui me paraissaient propres à mettre le trône à l'abri des coups d'audace ou d'abus dont il était menacé par ceux qui l'accusaient de vouloir bouleverser la France par des coups d'état. L'ensemble d'intérêt et de cordialité avec lequel j'exprime mon étonnement du procès intenté au loyal comte de Kergorlay, prouve combien je suis loin de manquer le plus légèrement au Roi, dont les véritables intérêts et droits me paraissent, comme je l'ai dit souvent, inséparables de ceux de sa patrie.

Au moment où ces dernières lignes vont aller à l'imprimerie, quelques écrits et propos de personnes que je reconnais beaucoup meilleures et bien plus habiles que moi, mais dont j'avoue, sans les offenser, que plusieurs de leurs opinions ne me paraissent pas bonnes, font entendre des espèces d'apologie, non-seulement de la révolte et de l'impiété, mais du régicide. A de tels paradoxes se mêlent des espèces d'imputations de l'énorme et double crime de perfidie et de lèze-nation contre ceux auxquels ils n'ont d'autres reproches à faire que d'avoir cherché refuge ou secours sur quelque terre hospitalière lorsque leur patrie défigurée ou dénaturée les proscrivait : ils font également le procès à tous les observateurs et conservateurs de la charte dont eux-mêmes affectaient d'être les premiers jureurs et prôneurs, dont ils allaient jusqu'à s'en prétendre les défenseurs exclusifs ainsi que du trône et de la religion de l'Etat. N'est-ce pas ici le cas de reconnaître que les tartufferies et le fanatisme politiques sont les plus odieuses des hypocrisies et des persécutions?

Dans leur aveugle fureur, ils ont fait la plus belle justification de sept grands accusés, en se vantant d'avoir constamment travaillé depuis quinze ans contre la dynastie légitime que voulaient défendre ces ministres qu'ils auraient fait égorger par des multitudes exaspérées, ignorantes et trompées, sans les augustes paroles sorties et dignes d'une bouche royale : *braves français, vous êtes également incapables de craindre ou d'assassiner vos ennemis ; demandez justice et non vengeance*.

De tels accusateurs ont beau se pavaner dans leur véritable rage ou leur fausse gloire, ils seront jugés par les étrangers, par la postérité, par leurs plus sages compatriotes et contemporains, peut-être par eux-mêmes aussitôt que le calme des observations, de l'examen et des réflexions aura succédé à l'ivresse, à la fièvre chaude de leurs fictions ou passions.

Comme ils ne cessent pas d'être mes concitoyens et mes frères, j'ose ici les prier d'employer leurs moyens à réunir, du mieux possible, libéraux et royalistes pour repousser et pulvériser les systèmes infernaux, d'après lesquels, sans la magnanimité d'un Roi citoyen, nous serions menacés, ou de ministères publics capables de réquérir et de conclure à la manière de Fouquier-Tinville, ou de juges comparables à ceux dont le cardinal Richelieu louangeait ironiquement l'esprit, parce qu'ils avaient trouvé des motifs apparens ou suffisans pour envoyer au supplice le maréchal de Marillac, comme on y a envoyé de nos jours, avec encore moins de prétextes et moins de formes, les maréchaux de Montmorency-Laval, de Mailly, de Lukner et la Maréchale de Biron, née la Rochefoucault.

Pour achever de prouver à mes lecteurs la véracité et l'impartialité de mes remarques et de mes récits, pour éviter de leur part tout soupçon d'intrigues, de malveillance ou de girouetterie, je déclare ici que malgré ma prévision, ma conjecture ou ma certitude, que mon fils, mon neveu, mon petit-fils allaient perdre leurs places, je n'ai pas cru devoir importuner sa majesté d'aucune sollicitation directe à ce sujet, et que si j'osais lui faire quelques demandes, une des premières serait de rassurer les millions de Français qui craignent, d'après tant de persécutions et de profanations commençantes à la façon *Julienne* ne soient poussées jusqu'à la manière *Dioclétienne*, et qu'au lieu de porter dans Alger les lumières du christianisme (auxquelles auraient contribué les aumoniers des régimens et des vaisseaux si on les eût conservés) on ne porte à Paris les illusions du mahométisme.

Et pour dernière preuve d'une franchise et d'un patriotisme imperturbable, je conviens hautement que ma résolution de me démettre (à cause de mes années, affaires, indispositions) de ma place au conseil municipal de mon village, et par conséquent d'éviter un serment dont néanmoins les inconvéniens sont atténués par de fortes allégations du côté droit comme du côté gauche, j'ai fini par céder aux honorables instances et aux touchantes allarmes de mes proches, de mon voisinage, de mes collégues et de mes cohabitans. Le seul mais précieux avantage que je tirerai de mes fonctions toujours obscures mais parfois laborieuses, et jamais honorifiques ni productives, sera de coopérer de mon mieux, jusqu'à la prochaine fin de mes tristes jours, à quelques besognes d'ordre, de justice, de concorde et de tranquillité.

Sur beaucoup de matières historiques et politiques ma *conciliation française* renfermera partie de ce qu'il peut y avoir de bon dans ce que j'ai retranché de ces fragmens épistolaires déjà trop prolongés par la force impérieuse de nos extraordinaires circonstances.

TABLE

Des articles contenus dans ces Fragmens Epistolaires et Préliminaires.

ART. 1er page I. Lettre à messieurs les Collègues de l'auteur en diverses associations de bienfaisance, de sciences, de littérature, d'arts et d'archéologie. Dans cette lettre sont défendus quelques vues, principes, opérations contre lesquels nombre de bons français voient avec douleur quelques citoyens acerbes et prévenus demander une rétroactivité de menaces, de poursuites et de vexations, non moins contraires aux deux constitutions de 1814 et 1815 qu'au bon sens et à la bonne foi.

ART. 2, page XVIII. Lettre écrite, le 21 novembre 1829, par le vicomte de Toustain fils à messieurs du Journal de Rouen qui l'ont insérée dans leur numéro du 23.

ART. 3, page XX. Deux mots sur l'écrit du vicomte de Toustain père, publié en 1829, sous le titre de SINCÈRE AVIS.

ART. 4, p. XXI. Lettre du même à M. Corbière, ancien officier de marine, rédacteur du Journal du Havre, et à M. Faure, écuyer, imprimeur de cette feuille.

ART. 5, page XXVIII. Post-scriptum du 15 juin 1830.

ART. 6, page XXIV, Lettre de l'auteur à l'éditeur et l'imprimeur.

ART. 7, page XXXI. Corrections, avis et remarques.

ART. 8, page XXXIII. Lettre à M. L***, citoyen du Havre.

ART. 9, page XXXV. Sur l'élection de l'arrondissement et de la ville du Havre, en juillet 1830.

ART. 10, page XL. *Post-Scriptum* de la lettre sur l'Election.

ART. 11, XLII. Remarques du 20 juillet 1830.

ART. 12, page XLV. Addition du 27 juillet 1830.

ART. 13. Dernière addition du 31 juillet 1830.

Une distraction de mémoire, indifférente à la mesure des vers et même au principal objet de la citation, a fait subtituer à l'imprimerie au second vers du milieu de la page LI le mot *montrer* à ceux de *voir tous*. Il y a long-temps que dans un autre écrit, monsieur de Toustain a pesé le fort et le faible d'une remarque de La Beaumelle ou de Fréron sur ces deux vers de la Henriade.

ART. 14, page LV. Deux paragraphes, l'un sur la Liberté, et l'autre sur la Tolérance. Depuis qu'ils sont imprimés, s'est élevée l'inconvenante et maladroite accusation contre M. de Kergorlay. Malgré le respect de M. de Toustain pour les juges et qui s'étendra sur les jugemens : il craint, ainsi que beaucoup de citoyens de grand poids, que cette procédure, désagréable pour un illustre pair et gentilhomme, sans être accessible à sa belle réputation, n'ait des suites contraires à la liberté civile, à la liberté parlementaire, à la liberté de la presse, et cela sans avantage ou dédommagement quelconque pour le gouvernement ni pour la nation.

Art. 15, page lx. Vers sur le mariage de mademoiselle d'Orléans avec Mgr le duc de Bourbon, faits en 1770.

Au second vers de la page lxi, il faut lire *propice* au lieu de *prospère.*

Art. 16, page lxii. Vers à madame la princesse de Lamballe, belle-sœur de Mme la duchesse d'Orléans, dont l'auguste père (Mgr. le duc de Penthièvre) a, l'année suivante, (1776) gratifié l'auteur d'une tabatière enrichie de son portrait.

Même page, à la troisième ligne du texte, en remontant, on a mis sur quelques exemplaires et concernant mon agrégation à la Société patriotique bretonne, la date de 1790 au lieu de celle de 1780.

Art. 17, page lxiii. Paragraphe des sermens, des démissions et destitutions, même de l'émigration envers laquelle plusieurs cabinets étrangers ne furent pas d'abord assez généreux et justes, malgré l'éloge ou l'apologie qu'elle recevait journellement de la fureur et des malédictions du révolutionisme bourreau. L'auteur a prouvé dans quelques autres écrits, 1° que le petit nombre des invariables et purs en comparaison de celui des hésitans, des terroristes et des terrorisés, joints aux mauvais conseils donnés au roi martyr par certains influens dont plusieurs manquaient ou de lumières, ou de fidélité, ne laissait aux plus dévoués serviteurs de l'indivisible cause du monarque et de la monarchie presqu'aucun moyen de les finir au dedans, même après l'héroïque levée de boucliers des Vendéens et des Chouans que les puissances voisines n'ont appréciés que trop tard et n'ont pas su secourir à temps.

Au surplus, il ne cesse d'adhérer au sentiment conciliatoire des français, amis incorruptibles de la religion, de l'humanité, de leur pays, de la justice et de la vérité. Le même auteur croit avoir montré dans plus d'un de ses autres écrits, que sans l'émigration commencée par ceux qui furent les premiers attaqués pour avoir montré le désir de défendre un trône qui repoussait les hommes et les moyens de défense, les bourreaux de la révolution menaçaient de faire rafle de tous les prêtres, de tous les nobles et auraient ajouté grande quantité de victimes par eux triées dans les meilleurs français des autres classes qui leur en ont tant fourni de précieuses et très-intéressantes.

O cher pays, chère France, nation jadis si féconde en hommes et en choses si dignes d'amour, d'estime et d'admiration, c'est alors que tes voisins, alliés ou rivaux; tes propres enfans expatriés et proscrits ne voyaient plus en toi qu'une affreuse marâtre au lieu d'une bonne mère et n'étaient que trop fondés à s'entredire ce vers de Virgile, en regardant la frontière avec un mélange de regret et d'horreur.

Heu ! fuge crudeles terras , fuge littus avarum.
Fuis ce cruel séjour, fuis ce rivage avare....
(1) . . . .

Honneur à la saine et véritable majorité du bon peuple français qui, sans être toujours exempt de méprises et de séductions, ne fut jamais sciemment et volontairement ingrat ! Honneur à la majorité des vrais citoyens qui ne désirent que son instruction , son repos et son bonheur ! honneur aux autorités civiles et militaires qui la protègent contre les pervers et les perturbateurs de tous genres! honneur aux pieux et vénérables officiers, instructeurs , ministres et dépositaires de la morale, du culte , du dogme , des rites, observations, conseils et préceptes du Christianisme qui, sans sortir des vérités du salut (lesquelles, soit dit en passant, s'étendent sur tout ce qui peut comprimer le mal et favoriser le bien), prémunissent leurs auditeurs, soit au tribunal de pénitence, soit dans la chaire de sincérité, contre le poison des mauvaises doctrines, des mauvaises mœurs, des mauvais écrits, en accompagnant leur talent et leur courage de la prudence et de la charité chrétiennes sur lesquelles reposent la tranquillité intérieure des consciences orthodoxes, ou leur tolérance purement civile et leur bienveillance , tout à fait cordiale envers leurs frères séparés de croyance théologique, mais non livrés à des superstitions obscènes ou cruelles comme il en existe encore dans plusieurs contrées et nations barbares où nos admirables missionnaires et surtout ceux de l'immortelle et défunte société, dite de Jesus, ont porté les lumières et les bienfaits de l'évangile ! Honneur aux employés du gouvernement, depuis le chancelier jusqu'au simple huissier; depuis les maréchaux de France jusqu'au simple soldat; depuis les ministres jusqu'aux garçons de bureau, qui nous préserveront de l'intervention et surtout de l'invasion des étrangers que les plus déplorables scènes pourraient faire entrer chez nous pour leur propre conservation, comme un voisin sans écharpe peut entrer avec des pompiers dans la maison contiguë où le propriétaire en délire aurait mis le feu lui-même.

---

(1) Vu la perte de quelques pages ou lignes, on rejette à la fin de la brochure la continuation de la table des articles , commencée page LXVI et discontinuée à la ligne de points page LXXVIII.

EPILOGUE à tous les Français dont les bonnes intentions me font l'honneur de fraterniser avec les miennes, quelques soient les rapports, différences, rapprochemens ou distances entre nos situations sociales, accidentelles ou positives, même entre nos idées, sentimens ou principes religieux, moraux, philosophiques et politiques.

Bien-aimés concitoyens de tout état et de tout rang,

Rien n'a jamais interrompu le respect et le dévouement que le vieux doyen d'une vieille famille française fait profession de vous devoir et de vous porter, depuis l'époque vulgairement appelée l'âge de raison, et qui fut la septième des quatre-vingt cinq années qui ne finiront qu'au 7 juillet prochain, si la providence m'accorde encore un semestre de végétation terrestre. J'ose donc, respectables concitoyens, desquels j'ai l'honneur d'être le co-propriétaire pour plus d'un trente millionième de gouvernement national ou populaire, sans prétendre à d'autre privilèges que celui donné par la nature à mes longues années (supposé que les chambres et le ministère ne l'ayent pas encore aboli,) j'ose, dis-je, sur le bord de ma tombe, vous avouer ma naïve espérance d'obtenir quelque part à l'indulgence, bienveillance et confiance de ceux d'entre vous dont j'ai ou j'aurai l'honneur d'être tant soit peu connu, lu ou entendu.

Mon cœur, ma tête, mon langage et ma conduite n'ont jamais varié depuis mon *Eclaircissement à l'amiable entre la noblesse et le Tiers-Etat*, mis au jour en Novembre 1788, jusques et compris ce présent cahier de *fragmens épistolaires* dont les premières pages furent envoyées à la presse en Novembre 1829, et dont les dernières n'en sortiront peut-être qu'à la fin de janvier 1831.

Ce n'est pas, messieurs, par esprit de turbulence et de contradiction, c'est uniquement par vif élan de conviction et de véracité que dans plusieurs feuilles tantôt anonymes et tantôt signées, toujours honnêtes et jamais désavouées, j'ai démontré que pendant quatorze siècles de monarchie plus ou moins regulière, même pendant quelques mauvais règnes, la France n'a pas subi plus de tyrannie, d'arbitraire, de crime et de malheur que dans les 42 années écoulées depuis l'incarcération d'une députation bretonne et l'adoption des erreurs d'un étranger parvenu subitement de la banque d'une petite république au ministère d'un grand état auquel il fallait d'autres hommes pour le gouverner ou restaurer; Calviniste, philosophiste, agioteur, bel esprit, à la vérité rempli de bonnes intentions, mais dénué des connaissances et des moyens nécessaires, il s'était laissé prévenir par les novateurs ou les plagiaires de certaines innovations, contraires aux mœurs, idées, institutions, lois et maximes d'une antique et vaste monarchie catholique et spécialement titrée très-chrétienne.

La candeur avec laquelle, chers concitoyens, je vous exprime toute ma pensée, vous est une nouvelle preuve, qu'en aucun temps et sous aucun régime je ne veux choquer, flatter, ni tromper qui que ce soit, même entre ces sortes de caméléons qui ne vous prêchaient tantôt que la sainte insurrection sous des autorités légitimes et tempérées, tantôt que la sainte obéissance sous des autorités douteuses ou violentes. Mon désir de vous voir tous jouir en réalité des avantages, libertés et droits assurés ou promis, dit-on, par une de nos plus terribles et plus récentes secousses sera l'excuse ou le passe-port de ma crainte que de nouvelles idées que je n'ai ni la sagesse, ni la satisfaction de partager, ni la témérité de combattre, et de nouveaux juges auxquels je suis incapable de manquer, n'ayent risqué d'allarmer toute la société française par un excès de rigueur envers quelques hommes tels que MM. les comtes de Kergorlay et de Nugent, envers quelques journaux tels que la *Quotidienne*, la *Gazette de France* et l'*Avenir*.

Les Scribes et les pharisiens du libéralisme qui se donnent tant de peine à découvrir sur cent prêtres irréprochables, un seul scandaleux ou prévaricateur, et tant de plaisir à révéler ses fragilités au public, ne feraient-ils pas mieux de chercher, trouver, encourager ou former sur cent hommes de leur secte ou parti un susceptible de justice, de sensibilité, d'obligeance, de piété, de modestie, en un mot de vertus publiques et privées, sociales et religieuses.

Il n'existe, messieurs, ni prévention ni superstition dans les idées favorables, qu'à l'exemple de beaucoup d'excellens hommes d'entre vous j'ai conçues des corps et des individus spécialement consacrés à la doctrine, à la pratique, à tous les divins exemples et préceptes du christianisme. Toutes les objections qu'on m'a faites à cet égard étaient réfutées d'avance dans les historiens, les pères et les docteurs de l'Église, dans les récits, défenses et mémoires du clergé français depuis la révolution persécutrice au nom de la tolérance, spoliatrice au nom de la propriété, massacrante au nom de l'humanité, incarcératrice au nom de la liberté.

Voyez encore l'éloge de cet intéressant clergé dans l'éloquent réquisitoire de M. le magistrat Boucly à la cour d'assises de Rouen; voyez dans M. le vicomte de Bonnald combien sa conduite et ses leçons étaient méritoires dans l'éducation, combien son action n'a cessé d'offrir une grande supériorité de faits, de vues, d'actions dans les établissemens et les œuvres de charité.

Quant aux exceptions inévitables dans cette règle générale, comme dans toutes les autres, je ne me vante ni ne désespère de présenter dans ma *conciliation française* quelques moyens faciles de raréfier, autant que possible, les fâcheuses exceptions qu'ont trop multipliées les inconséquences révolutionnaires, mais qui sans l'excellence inhérente aux motifs, aux moyens, au but, à la conduite, aux principes et aux habitudes des réunions, établissemens. et personnes ecclésiastiques ou monastiques, y ont toujours fait le bien plus dominant, plus soutenu, plus multiplié que le mal. Oh! quels signes ou vestiges de patriotisme, de liberté, de sagesse, de gloire et de bonheur présenterait un grand peuple toujours en discorde soit avec lui-même, soit avec les étrangers, toujours accablé d'impôts, de corvées ou *réquisitions*, enveloppé sous le filet d'une conscription générale de l'âge de 20 à 60 ans, sans être exempt de solder beaucoup de troupes de terre et de mer, dépouillé des lois, *institutions*, usages, règles, archives, annales, monumens, principes, maximes, exemples et souvenirs dont il avait tiré le plus d'avantages, de satisfaction, de puissance et d'illustration?

Au tome 2 de l'histoire de France du père Daniel, de l'édition donnée en 17 volumes par son digne annotateur le père Griffet, non moins digne membre de la société qu'honorent les regrets de la France catholique et les calomnies du philosophisme révolutionnaire, se voit l'estampe de lance ou de Hallebarde à pointe triangulaire, arme ou armoirie antique des anciens rois et généraux français. L'imperfection des gravures, peintures et sculptures a causé quelques ressemblances entre ces figures et les fleurs de lys, dont le nom leur est resté d'autant plus naturellement qu'on a fait quelques allusions au nom des premiers de nos rois appelés Clovis, Hloys, Loüis, et Loïs, nom qui même s'est ortographié parfois Lis ou Lys, comme nous disons encore Héloïse, Aloyse, Lise et Lison, pour Louise et Louison.

Les titres latins de nos anciennes Chartes *Rex Galliæ*, *Rex Franciæ*, *Rex Gallorum*, *Rex Francorum*, sont synonimes et se traduisent tous dans notre langue par Roi de France. Vu le grand accroissement de civilisation et de liberté que la conquête et surtout la conversion de Clovis, ainsi que la sainteté de son épouse et de plusieurs reines de la première race (dont je sais fort bien que plusieurs princes ne furent pas des saints) apportèrent dans les Gaules, j'ose profiter de mon trente millionième de souveraineté populaire ou nationale, pour oser ici remercier sa majesté régnante de la sagesse avec laquelle elle a préservé nombre de nos concitoyens de retomber en barbarie, lorsqu'elle a préféré le titre de *Roi des Français* à celui de *Roi des Gaulois*. Malgré mon respect pour le coq, emblème de la vigilance et du courage, je ne puis dissimuler à mon Roi la joie qu'auraient nombre de bons français, s'ils voyaient le rétablissement des fleurs de lys et des croix nouvellement abattues par des étourdis qui s'embleraient vouloir substituer les sacrifices et le culte de *Dis et Tetuales* au sacerdoce de Jésus-Christ.

Le monarque citoyen n'ayant pas cessé d'être Bourbon et chrétien, ne regardera pas comme injurieux à sa couronne l'attachement d'un français à ces lys et à ces croix qui, d'ailleurs par des motifs honorables dont l'exposé ne convient pas ici, décoraient l'écusson de plusieurs de mes amis, alliés et voisins, même de la ville d'Harfleur, dont j'ai reçu des marques de bienveillance et qui fut, du côté de la mer, la clef du pays de Caux, avant la fondation du Havre-de-Grâce.

BILLET DE L'AUTEUR A L'IMPRIMEUR, DU 19 DÉCEMBRE 1830.

Je souffre et gémis des incidens qui vous ont empêché de transmettre aux libraires cette mince brochure, avant la première audience du vénérable tribunal qui ne se laissera pas influencer par de calomnieux sophismes, non plus que par les vociférations sanguinaires de multitudes barbarement trompeuses et trompées.

Mon respect pour toutes les classes, les institutions, les corporations, et les personnes nationales de ma chère et malheureuse patrie me fait espérer le triomphe ou le succès de l'éloquence, des lumières, du courage et de la véracité des généreux défenseurs de ces accusés de haute marque dont la seule et trop grande faute pourrait ne provenir que de la moralité qui leur a fait négliger la suffisance des précautions, mesures et prévoyances nécessaires contre ceux qui se sont vantés d'avoir couvé sous la cendre pendant 15 ou 16 ans (pour ne pas dire 40 à 45) le feu par lequel ils ont embrasé la France et partie de l'Europe.

DERNIER MOT DU MÊME AU MÊME.

Ainsi qu'on m'a forcé de le dire ailleurs, il pourrait m'être convenable de répéter aujourd'hui combien je suis éloigné de la tentation d'imiter le bourdonnement ou la jactance de la mouche du coche, et nul mouvement de folle présomption ne se mêle aux regrets dont ne peut se défendre mon pur et vrai zèle du bien général sur les obstacles et retards de présenter à temps le désir, le besoin, le motif, le but et le travail d'une production plus importante et plus étendue par laquelle j'espérais adoucir, améliorer, utiliser mes derniers jours. J'ai de bonne heure appris une grande vérité sur laquelle on s'étourdit trop souvent et trop communément dans le feu de l'âge que j'ai passé depuis longues années, et que depuis long-temps aussi mes pensées, mes années, mes habitudes et mes observations me rendent sans cesse présente. C'est que dans les agitations et les vicissitudes de cette vie périssable, il ne faut jamais perdre de vue la durable existence future, et que sans négliger les obligations, les bienséances, les harmonies sociales, non plus que la foi, la charité, l'espérance et l'humilité chrétienne, on doit plus s'occuper de son salut que de sa mémoire ou de sa réputation.

Au surplus, monsieur, dans le cas où j'aurais mis ordre et lisibilité dans les manuscrits que je pourrais laisser à ma mort, mes enfans, mes neveux ou descendans en jugeront ou feront juger la force ou la faiblesse avant de se décider, soit à jeter mes papiers au feu, soit à en faire imprimer les parties qui ne sembleront pas indignes d'être offertes au public, ou tout au moins consignées dans quelque grande bibliothèque.

Ma juste vénération pour l'auguste aréopage saisi de l'affaire des quatre ministres, d'aucun desquels je n'ai l'honneur d'être allié ni connu, ne me permet plus qu'un respectueux silence et des gémissemens concentrés sur le jugement contraire aux espérances d'acquittement que je partageais avec tant d'hommes honorables, tant Français qu'étrangers, d'après la noble franchise et simplicité des exposés justificatifs sortis de la bouche des quatre prévenus, et persuasifs d'après la brillante et profonde logique, l'énergique et pathétique plaidoirie de leurs éloquens et courageux défenseurs.

N'est-ce pas une fatalité déplorable que les allarmes et le tapage introduits jusque dans l'intérieur de la chambre délibérante par le tumulte et les vociférations des attroupemens exaltés de l'extérieur, ayant, peut-être, empêché plusieurs juges de prêter à tout ce qui s'est dit, écrit ou fait, l'attention nécessaire pour s'assurer qu'il n'y eût pas des compensations entre les fautes imputées aux accusés, et les sanglans reproches de très-graves méprises ou d'infâmes calomnies que ceux-ci font à des hommes qui par cette discussion mal approfondie, nullement éclaircie, sembleraient comparables à ces incendiaires et à ces assassins de 1789, qui dépistaient les rechercheurs et les poursuites du crime, en mettant les embrâsemens des châteaux, des abbayes et des presbytères sur le compte des seigneurs, des moines et des curés.

Si dans le célèbre et singulier procès qui vient de finir, l'adorable providence m'avoit mis en droit et situation de parler, il me semble qu'à la face de ces nobles pairs, de plusieurs desquels j'eus autrefois l'honneur d'être le collègue ou confrère en plusieurs réunions, fonctions, opérations et décorations patriotiques, je les aurais félicité, sans exagération ni fadeur, des grâces célestes, qui leur ont procuré les lumières et les vertus à l'aide desquelles, préservatrices des piéges et des trames préparées contre eux, ils ont découvert à temps et repoussé l'affreux danger d'essayer l'application de la maxime infernale publiquement sortie de la bouche, non moins impure qu'inhumaine de certains champions plus que gauches de la fausse *constituante* (vraie *destituante*), de la prétendue *législative* (irréparablement *désorganisatrice*), de la fameuse *convention* (*liberticide*, *nationicide et régicide*.)

Par égard pour de respectables parens qui pourraient leur survivre, je ne répéterai pas les noms des auteurs de cette maxime satanique, mais dans l'espérance que ces défunts apôtres du crime se seront convertis. (1)

C'est donc uniquement pour empêcher mes lecteurs de retomber dans d'horribles temps et d'horribles systèmes que, sans prononcer aucun nom propre, je vais répéter des mots plus terribles que le *væ victis* de Brennus : *les morts ne reviennent pas,* ..... *il faut graisser de sang les roues du char de la révolution....* ce *sang est-il donc si pur qu'on n'en puisse verser quelques gouttes* !.... *du sang, du sang* !

---

(1) Hélas ! tous les humains ont besoin de clémence :
 Si Dieu n'ouvrait les bras qu'à la seule innocence,
 Qui viendrait dans son temple encenser ses autels ?
 DIEU FIT DU REPENTIR LA VERTU DES MORTELS.

VOLTAIRE. *Olympie*.

Je sais que les véritables conversions sont infiniment moins communes que les fausses, mais il en est réellement de celles-la. Celui qui comme Timon le misanthrope, se défierait de tous les hommes et ne croirait jamais à la vertu ni au repentir, se priverait de tout sentiment de confiance et d'amitié : s'il était chrétien, jamais il ne goûterait la consolation de faire et de voir faire des Pâques. Un homme qui dans sa rigide intolérance politique, a la bonté de reconnaître mon invariable attachement à ma religion, à mes concitoyens, à mes semblables, me reprochait un jour mon retour d'égards envers un autre homme qui m'en témoignait beaucoup, sans être plus offensé que je ne l'étais moi-même de certaines différences entre nos opinions politiques. Quoi, me dit-il, vous voyez un habit retourné ! Comme en suivant cette métaphore, il ne m'est jamais arrivé de porter mes couleurs à l'envers, je me crus en droit de lui répondre qu'un habit propre et retourné me plaisait mieux qu'un habit sale dont le porteur augmentait souvent et volontairement les taches au lieu de les effacer : puis, j'ajoutai, qu'il n'y a pas de souillures chez les hommes de toute opinion pure de malveillance.

Sans repousser l'ancien adage suivant lequel la voix du peuple en certains cas serait la voix de Dieu, je lui préfère cette belle phrase de l'éloquent abbé de Beauvais, évêque de Sens, dans sa belle *Oraison funèbre* de Louis XVI : LE SILENCE DES PEUPLES EST SOUVENT LA LEÇON DES ROIS. N'ayant jamais courtisé ni les puissans injustes, ni les populaces insolentes ou séditieuses, combien de fois aurais-je pu dire des cris effrénés de certains rassemblemens *vox turbarum*, *vox plebiculæ*, *voces diaboli*. J'ai si peu d'amertume contre les hommes, mes frères, même en m'élevant contre les classes qui me paraissent leur être nuisibles que je prends........

Vu les contrastes et différences, les divers arrondissemens ou quartiers de Paris, et ceux des 85 autres départemens du royaume qui paraît tendre à redevenir Gaulois d'effet et de nom plutôt qu'à rester uni et tranquille sous le nom de Français, on excusera peut-être ici mon ignorance ou mon incertitude en faveur de ma bonne foi et de ma bonne volonté. Sans rechercher ici des complimens de modestie pour ma naïve franchise, j'avoue que dans le tourbillon de nos événemens, réglemens et jugemens disparates, il m'est impossible de désigner, comprendre et définir à qu'elle portion de la majorité nationale appartient cette souveraineté populaire, de laquelle doit me revenir ou m'appartenir au moins un trente-deux millionième, indépendamment de cette inappréciable liberté dont la plénitude ou la totalité sont, je ne dirai pas nulles, mais véritablement peu sensibles et très-mystérieuses. Au surplus, sans m'élancer en aucun point au-delà des bornes que doit s'imposer tout écrivain, tant soit peu muni de patriotisme, de justice et de bon sens, je ne désespère pas de présenter dans ma *Conciliation française* quelques plans, vues et moyens favorables aux grandes promesses des premiers auteurs, acteurs ou fauteurs de la très-violente et très-grave commotion, datée de la fin de juillet dernier et pas encore appaisée à la fin de décembre courant.

Dans mes plus fortes oppositions sentimentales, intellectuelles et métaphysiques à tant de singuliers écrivains, orateurs et fonctionnaires très-marquans de nos jours, mon amour de la vérité, de l'humanité et de la patrie m'a non seulement préservé de toute amertume envers les hommes d'avis contraires au mien, mais il m'a fait trouver un charme à les citer, à m'autoriser d'eux, à soutenir de leur force ma faiblesse dans tous les cas essentiels où je sentais la supériorité de leur raison et l'infériorité de la mienne. Voilà comment et pourquoi je vais tâcher de regagner le temps et le papier perdus dans les premières pages de ce cahier remplies de ma petite guerre avec le Journal de Rouen, en rendant à la fois justice aux bonnes qualités des citoyens de ma province originaire et aux bonnes pages du journal de sa capitale; en déclarant que je viens de lire avec ravissement cette frappante et patriotique remarque d'un des derniers numéros de cette feuille « Cer-« taines gens de Paris dédaignent trop l'opinion des provin-« ces, ils la comptent pour rien et croient que toujours les dé-« partemens suivront l'impulsion donnée par la capitale; ils « se trompent : à Rouen, l'on est prêt à marcher, mais pour « le maintien de l'ordre et de l'indépendance nationale. »

Dans quelques écrits, toujours décens, publiés en 1797, année de la mise au jour de mes *Réalités des figures de la Bible* (1), je relevai avec quelque véhémence, ce qui me paraissait inique et cruel dans la motion de monsieur Boulay de la Meurthe pour faire déporter ce qui restait en France de cette classe illustre, fidèle et malheureuse dont un roi d'ailleurs sage, spirituel et bien intentionné, justement surnommé le DÉSIRÉ, sans que toutes ses opérations fussent également désirables, n'avait pas suffisamment étudié, senti, reconnu le prix, le dévouement et les services, non plus que ceux du premier des trois ordres, jusqu'en juin 1789, constitutifs et conservateurs de la monarchie française. Cette grave erreur jointe à d'autres mauvaises semences que des conseillers imprévoyans ont mêlé aux bonnes graines du Roi de l'exil, a successivement préparé et produit la funeste moisson récoltée par le Roi qui, vainqueur par son général et son amiral, dans les régions où avaient échoué St-Louis, Charles-Quint et Sébastien de Portugal, se proposait d'achever sa carrière par des traits de grandeur, de sagesse et de bonté qui l'auraient décoré du titre de saint comme Louis IX, d'Auguste comme Philippe II, de sage comme Charles V, de victorieux comme Charles VII, de père du peuple comme Louis XII, de père des lettres et des arts comme François Ier, de grand et de bon comme Henry IV, encore de grand comme Louis XIV, de

---

(1) Cet in-8° de 640 pages, y compris l'avertissement in-4°, reçut plus de louanges qu'il n'en méritait ; mais il essuya des reproches que je ne crois pas avoir mérités non plus. Je fus défendu par des ecclésiastiques et des laïcs dont la plume était meilleure que la mienne, entre autres par l'abbé de Vauxelles qui, même bien que je n'eusse pas l'honneur de le connaître, m'avait honorablement désigné dans l'oraison funèbre du premier prince du sang, mort en 1785; deux autres prédicateurs, au temps où je ne les connaissais pas non plus, m'ont fait le même honneur.

Loin d'être coupable d'incrédulité sur aucun des vrais miracles de la Bible, j'ai consigné dans la moitié imprimée de ma *Conciliation française* (qui n'est pas encore près de paraître), ma pente à reconnaître comme miraculeuse la guérison très-extraordinaire d'une très-pieuse habitante du Havre.

bien-aimé et de pacificateur comme Louis XV en 1744 et 1749, et sans la magnanimité du prince lieutenant-général du royaume, de roi martyr comme Louis XVI.

Revenant à M. Boulay de la Meurthe, qui ne m'a jamais vu, il m'est honorable et doux de transcrire de ses écrits et discours un passage justificatif de ma croyance à l'intervention divine, non-seulement dans les royautés, autorités, actions, situations et pensées humaines, mais dans toutes les choses et tous les événemens et tous les êtres du ciel et de la terre, enfin de l'universentier que Buffon penchait à croire infini comme son auteur. Je ne puis terminer et ce billet et ce cahier que par ce passage, guillemetté la veille de Noel 1830 sur la copie que j'en lis à l'article des *déceptions historiques* dans les *variétés* du supplément à l'Etoile-Gazette de France du 19 septembre 1830. « L'idée de rattacher à la providence divine,
» l'existence des gouvernemens, dit M. Boulay de la Meurthe,
» et d'en fonder le maintien sur les décrets éternels est non-
» seulement très-belle en soi, mais non moins utile aux peuples
» qu'à leurs chefs......... Que cette doctrine soit enseignée
» aux sujets comme le fondement moral de leur soumission à
» l'autorité qui les gouverne, c'est une chose désirable et
» salutaire; » le journaliste ajoute, « le même M. Boulay veut
» que tous les princes soient assez imbus de cette doctrine
» pour en faire la règle de leur conduite et qu'ils sachent que
» les gouvernemens sont institués dans l'intérêt des gouvernés.
» Or nous ne l'entendons pas autrement, nous pensons sur ce
» point comme M. Boulay, et c'est chose étonnante, mais
» fort agréable pour nous, le droit divin qui nous réunit. »

Je finis ces courtes et curieuses transcriptions en faisant observer qu'ici la doctrine de l'ex-député de la Meurthe est conforme à celle de l'illustre archevêque Fénélon et du grand évêque Bossuet, quand ils pulvérisaient les ergoteries du prédicant Jurieu, ressuscitant l'hypothèse de la souveraineté du peuple encore renouvellée par le paradoxal Jean-Jacques sur lequel, à cet égard, depuis que son idée paraît faire loi dans mon pays que je ne m'aviserai pas de régenter et pour qui je laisse à de plus habiles que moi le soin de l'en plaindre ou de l'en féliciter.

Plusieurs de mes concitoyens et moi plus qu'eux tous, nous sommes trop profanes pour que je me permette ici de citer les saints-pères, docteurs de l'église, mais je leur rappellerai seulement le livre de *l'importance des opinions religieuses*, donné par le protestant M. Necker, alors ministre des finances et l'idole des hommes outrés qui l'auraient voulu pendre quelques années après; son chapitre ix expose à merveille toutes les utilités, convenances et nécessités physiques, morales et civiles d'un jour de repos par semaine, jour que le

(LXXXVIII)

christianisme, le mosaïsme et le mahométisme consacrent au souvenir du repos apparent ou réel de notre père tout puissant après les six jours de la création ;(1) jour qui n'est pas le même, mais qui consacre équivalente distiction dans ces trois cultes, dont le premier seul est suivi par la pluralité des Français et même des Européens, le second, la préface, ou l'annonce du premier, le troisième le plagiat et l'altération des deux autres.

C'est pourquoi je vais risquer d'offrir ou de soumettre un conseil de respect et amitié à ceux de mes concitoyens livrés à des professions non militaires que leur paiement et recrutement des forces réglées de terre et de mer par eux-mêmes, par leurs enfans ou par leur bourse n'exempte pas de la garde nationale universelle dans l'âge de 20 à 60 ans, laquelle garde est la protectrice des hommes paisibles contre tous les perturbateurs quelconques y compris les envahisseurs d'églises et de séminaires, ainsi que les inquisiteurs et visiteurs de maisons sans autorisation légale.

Mon faible et bénévole avis à ceux que l'indifférence religieuse de leurs chefs ou supérieurs appelle à des réunions ou revues dominiales, ordinairement précédées ou suivies de quelques orgies où se dissipe au cabaret partie du produit de la semaine, serait de les engager, quand ils ne sont pas libres aux heures de l'église, à lire et méditer chez eux, soit en latin, soit en français les quatre premiers versets du premier psaume des complies du dimanche, lequel est le 4e de notre vulgate.

Je ne suis pas de l'avis de ceux qui, par des motifs souvent contraires veulent mettre une barrière insurmontable entre les droits et devoirs du pouvoir spirituel et ceux du pouvoir temporel, mais je suis de ceux qui croyent à l'immense utilité politique et morale de ces deux pouvoirs distincts et nullement incompatibles, dont le concours et la concorde sans aucun mélange d'emportement, d'intolérance et de jalousie désarmera la défiance et rétablira le calme cher à tous leurs adversaires tant soit peu raisonnables, indépendamment d'antres-résultats précieux.

---

(1) On sait que le motif, le but et la conservation hebdomadaire, ou d'un sur sept sont les mêmes dans les trois cultes cités au texte, mais que le cours et le nom des trois journées sont différens.

Page xl, le mot *si*, oublié dans le vers latin après *referat*, l'est aussi page lxv, en remontant après *referat*.

Page xxx, ligne 2 en remontant, le même monosyllabe *si* (nécessaire au sens et à la mesure du vers latin) également oublié comme à la page lxv.

Page lx, entre les mots *pusillanimité* et *sur le mariage*, il fallait commencer l'alinéa par ces deux lignes d'avis : *Voici les vers qu'un sentiment invariable et pur m'avait inspiré sur le mariage*, etc., etc.

Même page lx, ligne 2 de la note *l'amoureuse*, lisez *l'amoureux*.

Page lxxii, à la première des deux lignes où se trouve le nom de féroce parvenu *Marius*, substituez celui du vertueux patricien *Metellus*. A cette phrase j'ajoute ici la remarque suivante :

Relativement aux sermens que des agitateurs de France et d'autres contrées ont imposé dans des temps de troubles, je n'ai pas encore vu de réponse satisfaisante aux fortes critiques de beaucoup de Français et d'étrangers de grand poids contre cette violence exercée sans utilité publique ni privée sur beaucoup de délicatesse et de consciences. J'en remets la discussion au temps où les illusions, l'exaspération, les passions de grand nombre de mes chers compatriotes se seront assez calmées pour que les échos de notre infortuné pays cessent de répéter de très-indignes calomnies poussées au point de peindre les plus irréprochables amis du trône, de l'autel et de la légitimité comme les plus acharnés ennemis de Dieu, des rois et de la société.

Hélas, un grand nombre de ceux qu'on appelle vainqueurs partage les regrets avec la presque totalité de ceux qu'on appelle vaincus et dont la majorité ne serait plus douteuse s'ils avaient pu s'entendre et s'armer avant l'explosion qui les a tous presque également frappés. Combien n'ai-je pas vu de bons Français et de bons étrangers, parmi les libéraux et les protestans, comme entre les royalistes et les catholiques, même parmi les indifférens en opinions politiques et religieuses, se plaindre amèrement, se récrier et verser des larmes sur l'excès des malentendus et des résultats, sur le contraste entre les désirs et les faits de la France, tant de la partie exaltée qu'on dit *la nouvelle*, que sur la portion plus sage qu'on dit *l'ancienne*, sur la différence entre janvier 1830 et janvier 1831, enfin sur les objets de cette ingénieuse lanterne magique, montrée d'une manière à la fois piquante, fidèle, plaisante et désolante dans plusieurs journaux estimés. Tout ce que peut faire un Français, jadis revêtu et très-occupé de fonctions publiques et distinguées, maintenant dépourvu d'aisance et d'influence, c'est de ne pas attaquer les personnes, de combattre ce qui lui paraît mensonger et de soutenir ce qui lui semble vérité dans les publications qu'un patriotisme invincible, dégagé d'emphase et de prétentions, lui arrache de temps en temps, d'avouer ou signer ses productions, et de ne pas faiblir dans l'adhésion qu'il donne comme chevalier et citoyen français aux sentimens et principes que déclara toute la maison de Bourbon dans un acte solemnel du 22 février 1803 où se trouve la signature du premier prince du sang et d'un de ses frères alors vivans.

Page LXII, au texte, ligne 3 en remontant, 1790, *lisez* 1780.

Page LXIV, au texte, ligne 2 en remontant, *Du*, lisez *du*; puis *Fruguerai*, lisez *Feuguerai*; puis ligne 6, encore en remontant, après *d'armoiries*, ajoutez *et de filiations*.

Page LXXX, à la place des trois dernières lignes de la page, lisez : *et dans monsieur Rubichon*.

Page LXXXI, ligne 17, entrs *mer* et *dépouillé*, répétez le mot *peuple*.

Même page, ligne 22, entre *volumes* et *par*, mettez *in-4°*.

Page LXXXII, ligne 6, entre *et* et *Teutatès*, mettez *de*.

Même page, ligne 28, *graude*, lisez *grande* ; entre *faute* et *pourrait*, ajoutez *à moi connue*.

Page LXXXIII, ligne 5, au mot *années*, substituez *liaisons* ; ligne 33, au lieu de *ayant*, lisez *ayent*.

Page LXXXIV, ligne 14, au lieu de *mais dans*, lisez *de plus j'ai*, et après le mot *satanique*, mettez un point au lieu d'une virgule.

Page LXXXVI, supprimez *in-4°* ; à la première des notes, 5ᵉ ligne des notes, mettez *encore* entre les mots *pas* et *l'honneur*.

Page LXXXVII, ligne 8, supprimez *et* à la fin de la ligne et remplacez-le par une virgule ; ligne 10, séparez les deux mots *l'univers entier* ; ligne 7, en remontant, retranchez le trait qui sépare les deux mots *Saints-Pères*, et lisez *les saints Pères, les saints docteurs*.

Page LXXXVIII, ligne 10, mettez un *d'* avant *amitié* ; ligne 21, lisez *dominicales* au lieu de *dominiales*.

Page LXXXVII, lisez ainsi les 2ᵉ et 3ᵉ ligne de la page : et peut-être de Roi martyr comme Agis à Lacédémone et Louis XVI à Paris, sans la magnanimité du prince lieutenant-général du royaume qui, m'a-t-on dit, aima mieux faciliter sa sortie que de de le laisser en butte aux rassemblemens séduits jusqu'au fanatisme, ou corrompus jusqu'à la barbarie.

Page LXXXVI, à la fin, après le mot *Hâvre*, mettez sans alinéa. Un membre studieux, croyant et bien intentionné de l'église enseignée qui soumet docilement et publiquement à l'église enseignante (avec l'ensemble convenable de respect, de franchise et de circonspection), doit s'attendre et ne pas s'offenser à quelques reproches ou soupçons de préjugé, même de superstition de la part des outrés en septieisme, comme à ceux de témérité, de relâchement et d'hétérodoxie de la part des outrés en scrupules, rigorisme et pointilleries.

Suite de la Table.

Art. 18, page LXIII. Lettre à l'Auteur.
Art. 19, page LXV, *Errata.*
Art. 20, page LXVII, nouvelles réflexions.
Art. 21, page LXX, lettre de l'Auteur à l'Editeur.
Art. 22, page LXXII, lettre de l'Auteur à l'Imprimeur.
Art. 23, page LXXVI, commencement de la présente table.
Art. 24, page LXXIX, Epilogue à tous les Français.
Art. 25, page LXXXII, autres billets, remarques et corrections jusqu'à la fin.

. . . .
. . . .

Les points ci-dessus marquent des suppressions faites, les unes par l'égarement de quelques pages manuscrites, les autres par quelques malentendus, obstacles ou retards, dont aucun, grâces à Dieu, n'est provenu d'aucune des formes, autorités ou personnes suspectes d'une grande répugnance aux libertés légales et constitutionnelles de la presse, à laquelle l'auteur rend toujours cordial et pur hommage dans toute sa plénitude ou certitude raisonnable et légale, sans vouloir jamais en abuser.

Un des articles retranchés concernait M. le duc de Coislin, digne compatriote et collègue de M. le comte de Kergorlay. Peut-être ne se doute-t-il pas de mon existence, quoique j'aie beaucoup eu l'honneur de connaître et de cultiver M. le comte du Cambout, son père, et que le feu comte du Bot de Talhouet, oncle paternel, à la mode de Bretagne, de ma première épouse, eut épousé, par dispense, leur commune parente Marie-Josephe ou Josephine du Cambout, fille du marquis du Cambout, capitaine de dragons, gouverneur de l'île de Rhuys et du château de Fucinio et petite-fille du comte du Cambout Carheil, successivement colonel des dragons de Bretagne, puis d'un régiment de dragons de son nom, mort inspecteur-général des carabiniers et des dragons.

Aujourd'hui que le Jacobinisme renaissant tâche encore d'anéantir ou d'ilotiser la noblesse, malgré les articles de deux Chartes qui la consacrent; on aurait tort de supposer l'ombre de vanité au sentiment qui me rend chères des victimes intéressantes et méritantes, prises entre les familles élevées d'une aggrégation provincialement nationale, dont j'avais l'honneur d'être membre, et parmi lesquels étaient messieurs les officiers-généraux Josseaume, marquis de la Bretesche, de la Ville-Ferole, comte des Dorides, dont les races paternelles ont, comme celle de ma première femme, des mères de la maison de le Boteuc de Couessal, noblement mentionnée dans les actes de Bretagne depuis 1386; quoique ses preuves de pages, dans le premier registre de l'armorial général de France, s'arrêtent à Olivier le Boteuc écuyer en 1496, lequel, selon d'autres productions, était fils de Michel, aussi écuyer, maintenu à la recherche ou réformation de Bretagne, la plus ancienne dont cette province ait conservé les preuves. Madame la comtesse de Santo-Domingo, mère de madame la marquise de Chamillart-la-Suze, (dont le mari, mort lieutenant-général des armées et pair de France, avait été mon collègue, en 1769 parmi les capitaines de cavalerie et en 1770, parmi les capitaines de Carabiniers), était une demoiselle le Boteuc; son père, chevalier de St-Louis, fut, autant qu'il m'en souvient, le dernier mâle de sa famille.

Le marquisat de la Bretesche est situé dans la commune ou paroisse de Maisdon, diocèse et comté Nantais, dite quelquefois Maisdon-lez-Clisson pour la distinguer de Maisdon-lez-Châteaubriant. Il fut érigé sous Louis XIV en 1657 pour un seigneur du nom de Jousseaume ou Josseaume, gouverneur de Poitiers. Je présume que ce gentilhomme était bisayeul du brave et loyal marquis de Jousseaume-la-Bretesche, baron de Tiffauges, mort en 1790 dans le grade de maréchal-de-camp, que je conjecture être le père du marquis actuel de la Bretesche dont les journaux m'apprennent les inquiétudes inconstitutionnelles qu'on lui donne au nom d'un général que je n'ai pas l'honneur de connaître, mais dont la bonne réputation me fait espérer qu'il fera bientôt cesser les querelles suscitées à plusieurs excellens français domiciliés dans la circonférence de son commandement, et que leur fidélité chevaleresque à leurs anciens sermens et devoirs rendent très-mal à-propos odieux ou suspects à quelques fanatiques de révoltes ou d'anarchies !

Ayant perdu la plupart de mes amis, de mes proches et de mes correspondans de Bretagne, province qui m'est toujours chère et que je demande au ciel de revoir avant que mes yeux affaiblis achèvent de se fermer, j'ignore l'état actuel des maisons de Kergorlay, Cambout-Coilin et de Jousseaume-la-Bretesche; mais si, comme je le présume, il en existe encore de jeunes rejetons, j'ose les avertir ici qu'avant, pendant et depuis l'explosion des volcans révolutionnaires qu'on peut dater de 1788, j'ai consigné dans plusieurs journaux, recueils, dictionnaires et autres écrits la réfutation des reproches que renouvellent de fraîches déclamations contre les prétendus efforts de la noblesse pour empêcher l'introduction de la roturé dans les emplois distingués du militaire et de la magistrature. Cette accusation n'est pas mieux fondée que l'affectation de faire tirer à la milice les fils de chancelier, de maréchaux, de princes, de ducs, de pairs, de chevaliers et d'écuyers avec ceux des goujats, des savetiers, des palfreniers et de tant d'autres dont les conditions ou professions toujours utiles et dignes d'égard chez ceux qui les exercent avec intelligence et probité, ne leur ont pas encore fourni l'occasion ou le moyen de *gagner leurs éperons* de manière à leur faire mériter d'emblée la concurrence aux emplois de noviciat ou de début dans les grades militaires du *service de terre ou de mer*, lorsqu'une douzaine de ces petites places de noviciat sont ardemment sollicitées par deux ou trois cents fils ou de gentilshommes, ou de chevaliers de St-Louis, ou de sujets d'ancienne et très-notable bourgeoisie. Notez que cette dernière remarque était particulièrement applicable à la fameuse orgie nocturne du 4 août 1789, qui commença le triomphe des ambitions audacieuses et turbulentes sur les émulations naturelles, légitimes et raisonnables, et fit succéder à l'ancienne et salutaire hiérarchie, religieuse, civile et militaire, une sorte de supplantations ou de transpositions nouvelles beaucoup plus choquantes, beaucoup moins sages et moins salutaires que les anciennes inégalités. Ce très immoral et très-impolitique nivellement commencé sous le Roi Martyr, poussé à l'extrême sous le Roi Prisonnier, continué au grand étonnement de l'Europe sous le Roi Désiré, a produit la mauvaise semence récoltée par le Roi Chevalier au moment même où sa grande ame se flattait d'extirper les racines de tant d'abus funestes.

Personne ne chérit et ne révère plus que moi toutes les classes, toutes les professions, toutes les familles et toutes les personnes honnêtes de la société, de l'humanité, de la nation, et certes je ne serai pas accusé de nobilionamie par ceux qui verront les justifications, exceptions, modifications imprimées que je proposais, il y a près de 50 ans, à la décision royale du 22 mai 1781, laquelle, sans être un édit comme l'a dit madame Campan, était assez conforme à plusieurs édits de nos rois, entr'autres depuis ceux de Louis le Gros en 1118, jusqu'à celui de Henry II en 1556, auxquels on pourrait ajouter des réglemens notables de tous les rois de la branche de Bourbon depuis l'avénement et la conversion du grand et bon Henry IV, jusqu'aux malheurs de Louis XVII..................
....
....

En ce moment j'apprends qu'une courageuse et bonne française a déterré, partie dans un grenier du quatrième ou cin-

(xciv)

quième étage d'un libraire, partie dans la profonde cave d'un autre marchand de livres, beaucoup de mes brochures, que je croyais depuis long-tems distribuées gratuitement en bonnes mains. Voici la substance des raisonnemens par lesquels un de ces messieurs a bien voulu dissiper les inquiétudes qu'il craignait de m'avoir causées. « Quel dommage que M. de T*** n'ait pas continué d'habiter Paris ! que n'aurait-il pas fait avec ses talens et ses connaissances, s'il eût voulu se plier aux principes et aux plans de messieurs de *la Minerve* et du *Constitutionnel* ! Dites-lui bien que, par suite de la confiance et de l'estime qu'il inspire à tous ceux qui ont quelques rapports avec lui, nous l'exhortons à se dépêtrer des systèmes de la *Quotidienne*, de *l'Universel*, de la *Gazette de France* et de *l'Ami de la Religion*, et d'être persuadé que la plupart des libraires de Paris et des grandes villes sont *patriotes*, et que dans leur encombrement de brochures qui pullulent chaque jour, pour ne pas dire chaque heure, nous sommes forcés de mettre au rebut ou d'envoyer chez l'épicier presque tout ce qui nous vient de la Province, surtout quand l'auteur joint aux titres discrédités de gentilhomme et de provincial celui de royaliste ou de chrétien.

Aujourd'hui plusieurs de ces imprimeurs et libraires avouent que leurs ouvriers, déconcertés des tristes résultats pour eux et leurs patrons, regrettent d'avoir récemment justifié l'étymologie de Lutèce en aidant à son dépavement.

En retour des sages avis de ces grands citoyens et grands philosophes du jour, je leur promets (non pour les vendre, mais pour les lire à leur loisir ou les donner à leur gré) quelques exemplaires de ma *Conciliation française*. Puissent-ils sentir et seconder mes vœux pour la guérison des maux que se fit à diverses reprises notre bien-aimée patrie; pour le recouvrement de l'ordre et de la liberté que lui procuraient nos rois, pour l'arrivée des avantages qu'on lui promet encore.

Au surplus, quiconque aura la patience ou la curiosité de lire la présente introduction est supplié d'attendre, avant de la juger, la publication de l'œuvre que j'annonce; j'y consignerai quelques réflexions sur les mémoires de l'estimable M. de Bourienne et la sage et savante lettre du R. P. Ventura que je trouve dans la *Gazette de France*, et le correspondant du 8 février: elle ne m'empêche pas d'applaudir à l'équitable acquittement du respectable et célèbre abbé de la Menais, dont quelques inadvertances de logique ou de métaphysique (même en les avouant ou supposant réelles) ne formaient pas un délit suffisant pour le traduire au banc des accusés, sous un gouvernement qui se proclame *libéral* dans toute l'acception de ce mot, que beaucoup de familiers du despatisme dit révolutionnaire, n'entendent pas mieux que celui de *liberté*.

Pour l'intérêt de mes lecteurs et la satisfaction de ma conscience, je trace en lettres capitales le nom d'un droit précieux, d'un grand avantage et d'une haute vertu que ne possèdent jamais ceux qui veulent rester esclaves de leurs passions et devenir tyrans de leurs frères. Je prie les amans de cette sainte LIBERTÉ, jouissant de quelque influence auprès du pouvoir, de rassurer les familles effrayées de l'annonce d'une année de noviciat ou d'éducation soldatesque qu'il s'agit, dit-on, de rendre préliminairement indispensable à toute instruction particulière ou publique et qui ne se ferait que dans des corps déjà privés de tout culte ou document religieux, de tout ministère et ministre ecclésiastique, tandis qu'en augmentant la pénurie du clergé national et chrétien, l'on s'occupe de rétribuer les rabbins du judaïsme et les imans du mahométisme.

Et vous ! sexe pieux, doux et secourable, êtres aimables et chéris qui formez la plus touchante, la plus belle et la moins imparfaite moitié du pauvre genre humain, vous nos mères, nos épouses, nos sœurs, nos pupilles, nos tendres et charmantes auxiliaires et compagnes, le bon vieux fonctionnaire civil et militaire, auteur de ce faible et bénévole écrit, ose aussi vous en faire l'hommage en le recommandant aux lumières, à l'indulgence, à la sensibilité de celles qui auront la patience ou la curiosité d'y jeter les yeux. Serait-il possible qu'aucune de vous n'accordât quelques signes d'intérêt ou de bienveillance à cette irrégulière mais franche introduction d'un opuscule où des gouvernans et des gouvernés de toute espèce de contrée, de civilisation, de constitution, pourront trouver quelques idées, vues, mesures consolatrices et réparatoires de plusieurs des plus grands maux, épreuves ou châtimens auxquels est exposée l'ame humaine pendant le court pélérinage qu'elle doit subir ici-bas avant son passage à la vie sans trouble et sans terme, dont les efforts et les désirs seront récompensés dans la meilleure patrie destinée aux invariables partisans de la bienfaisance, de la justice et de la liberté.

Quoi ! sous la souveraineté d'un peuple qui se montre si jaloux de ses libertés et qui reconnaît la religion catholique, apostolique et romaine pour celle de sa très-grande majorité; sous le chef élu d'une antique et vénérable monarchie qui s'honorait encore, il y a moins de sept mois, de la qualification de *très-chrétienne*, la plus grande partie des citoyens ne pourrait plus chanter *Te deum laudamus, te dominum confitemur, te æternum patrem omnis terra veneratur; pleni sunt cœli et terra majestatis gloriæ tuæ;... Gloria in excelsis Deo et in terrâ pax, hominibus bonæ voluntatis.* Quoi ! les malheureux dont les douleurs et le nombre ont redoublé, centuplé depuis la secousse appelée terrible ou sacrée révolution, ne pourraient plus lever leurs mains au Ciel et dire *adjutorium nostrum in nomine Domini...... Misereatur nostri omnipotens Deus, et dimissis peccatis nostris perducat nos ad vitam æternam......* Quoi ! sous le règne d'un prince qui rend à l'église l'hommage de porter à la fois les deux mêmes noms de baptême, que son auguste aïeul et son auguste mère me firent l'honneur de donner au premier né et premier mort d'un mariage fait sous leurs augustes auspices, je verrais la pluralité de ceux que la révolution a faits ou laissés influens ou riches, se faire appliquer le verset du prophète royal : *Dixit insipiens in corde suo*, NON EST DEUS ! *absit, absit talis infelicitas aut stultitia* ! *si oblitus fuero tui Jerusalem, oblivioni detur dextera mea... Domine salvum fac regem, salvam fac gentem, salvam et sapientem fac superbam civitatem, quæ non est Samaria, Babylon nec Tyrus, quæ felicior illustribus et magnis patriæ nostræ provinciis, quibus illustrissima nomina sublata sunt, vocabulum a luto derivatum humiliter custodivit aut retinuit.*

J'étais à Lyon ou à Genève le 6 octobre 1789, jour où l'écume de la population parisienne traîna du château de Versailles à celui des Tuileries le même Roi que, de concert avec l'assemblée dite constituante, elle avait surnommé le *Restaurateur de la liberté française*. Un gentilhomme et militaire, Breton, mort ruiné avant le rappel ou retour de Louis XVIII, voyant deux têtes de gardes-du-corps assassinés précéder le carosse du royal captif, ne put retenir le frémissement et l'indignation qui le firent s'écrier, O Lutèce ! ô Paris ! ville de boue ! Mais ce mot, qu'il a imprimé depuis, lui aurait coûté la vie s'il n'avait su faire à temps et bien à propos un bon usage de ses bonnes jambes. Cette anecdote, consignée dans une de ses brochures, ne peut nuire à sa mémoire. Mais bien que sa famille serait encore estimée et défendue par nombre de braves et loyaux Parisiens, je risquerais de lui faire plus de mal que de bien si je la nommais au fort de la fièvre épidémique dont le terrible réveil vient de souiller la cérémonie expiatoire concernant feu Mgr le duc de Berry. *Dies iræ, dies illa*.

Pour moi, toujours amant fidèle et déclaré de la vraie liberté légale, sociale et constitutionnelle, sans l'être de l'indifférence ni de l'intolérance, je la professerai toujours dans les remarques douces, claires et modestes que présentera ma *Conciliation française*, pour remédier aux alarmes que jette dans beaucoup de familles l'annonce d'une année d'éducation soldatesque et préliminaire dans des corps dénués d'instruction, de cultes et de maîtres ecclésiastiques.

O constante inconséquence de ceux que Platon nommait et définissait des *Coqs sans plumes*, quand ces gouvernemens affaiblis ou désorganisés abandonnent les rênes du pouvoir, soit à des intrigans sans conscience et sans frein, soit à des multitudes ignorantes et grossières au profit de la servitude ou de la tyrannie formées par les esclaves de passions haineuses, pillardes, sanguinaires et corruptrices, d'où s'élèvent les cris hypocrites de *Vive la liberté*!! Quel succès M. l'abbé Bouqueau de Villerai va-t-il espérer contre l'intolérance du Roi de Hollande (dont le fils conciliateur promettait la réparation) après avoir été l'un des témoins et presque l'une des victimes des sauvages persécutions qui viennent de se renouveler à Paris à l'occasion du service expiatoire de l'assassinat du magnanime duc de Berry, et cela dans les temples et par les prêtres dûment autorisés, même à l'église paroissiale du monarque, proche parent de l'illustre victime des factions non moins anti-royalistes qu'anti-chrétiennes? Quel secours la noblesse de Pologne peut-elle attendre soit d'un gouvernement, soit d'une multitude qui répand sa rage et sa jalousie contre les débris de monumens ou de titres honorables d'une classe généralement très-méritante et très-fidèle, et qui, malgré la consécration de ses souvenirs et de ses insignes, voit effacer ceux de la dynastie régnante, même aux murs et aux grillages des palais du chef actuel de l'état?

L'AUTEUR A L'ÉDITEUR, LE 28 FÉVRIER 1831.

Dieu soit béni, mon cher Abbé, si nous avons cette semaine les dernières lignes de notre dernière épreuve des *fragmens*. Quelle que soit la réserve avec laquelle nous avons ménagé les personnes sans rien cacher de ce que la vérité, pure d'humeur et de flatterie, nous suggérait d'utile à dire, permettez-moi de continuer à prendre sur moi seul toute la responsabilité des publications sorties de ma plume et confiées à la presse sous votre surveillance. D'ailleurs, puisque votre excessive modestie s'oppose toujours à ce que j'honore mes faibles productions du nom d'un éditeur tel que vous, je vous réitère ici la promesse de ne le découvrir qu'à la personne de notre commune connaissance, qui n'en recevra pas moins l'assurance et la surprise qu'au bout de l'an et jour qui seront écoulés à partir du 7 août prochain. J'ai pris les précautions convenables à ce terme dans le cas très-vraisemblable où la providence me retirerait tout-à-fait la santé avant son expiration.

Ainsi, pour vous comme pour moi, qui n'ai ni la manie de me montrer, ni la timidité de me cacher, je crois avoir suffisamment pris toutes les mesures à la fois de prudence et de loyauté, pour nous préserver des singulières irrégularités de certaines perquisitions et poursuites, de certaines autorités, et de très-illégales, très-inconstitutionnelles et très-arbitraires arrestations provenues de la jeunesse inexpérimentée de cer-

tains étourdis, prématurément élevés trop haut, lesquels, sans observer les formalités, indispensablement préliminaires, ont fait des arrestations non moins révoltantes que celles que de grands coupables exerçaient en 1793, contre les bons citoyens qu'ils jugeaient capricieusement et déclaraient publiquement SUSPECTS, pour les faire ensuite envoyer ou condamner arbitrairement au supplice.

Si quelque chose peut maintenant atténuer les reproches encourus par quelques importans fonctionnaires civils et militaires, c'est la facilité de quelques novices en littérature comme en politique, à se laisser entraîner à la manie de s'ériger en grands pénitenciers et grands inquisiteurs de tout ce qui est ou fut prêtre, noble, riche, aisé ou pourvu de quelque place ou propriété distinguée.

Honneur à ce sujet au digne pasteur catholique, au digne maire protestant, à la civique population mi-partie des deux cultes, à toute la garde nationale vraiment patriotique de Bolbec, qui, dans une occasion récente dont j'ai su les premières particularités par le journal du Havre du 18 courant, savent maintenir avec tant de sagesse et de succès entre tous les habitans de cette ville la plus noble harmonie et bienveillance, le plus heureux amour de l'ordre et de la concorde, le plus énergique éloignement de toute mesure d'inquisition, d'espionnage et de tyrannie quelconque entre des citoyens que l'inévitable divergence de quelques opinions partielles n'empêche pas d'avoir tous égal droit à la même liberté, liberté légale et sociale, et d'aspirer ou de coopérer tous, chacun selon son état et sa position, au service, repos et bonheur public.

Dimanche dernier 20, mes indispositions, mes fatigues et mon grand âge, ne m'empêchèrent pas d'arriver à temps à Montivilliers (jadis chef-lieu de ma légion, et toujours mon chef-lieu de canton), pour y savourer, dans le peu de momens qu'il me fut possible d'y passer, le plaisir qu'y donnait aux observateurs français l'exemplaire et touchante fraternisation des gardes nationales de cette ville, du Havre, d'Ingouville, d'Harfleur, de St-Romain-de-Colboc, etc., etc.

O braves, respectables et chers voisins et concitoyens, conservez l'amour de la vérité, de la justice et de l'ordre qui, depuis sept mois, préservent l'arrondissement du Havre des terribles erreurs et fautes dont tant d'autres parties de divers départemens n'ont pas eu la consolation de se garantir, et gardez-vous surtout de manquer à la mémoire de Louis XII, père du peuple, votre premier bienfaiteur, de François Ier, votre vrai fondateur, et de tous les rois qui ayant honoré et traversé vos murs, ont étendu leurs encouragemens, leurs bienfaits, leurs embellissemens sur votre port et votre place. Quels que soient leurs écarts et les méprises de certains enthousiastes

ou certaines crises, quelles que soient aussi les circonstances où des passions ardentes font quelquefois prendre le blanc pour le noir et le noir pour le blanc, souffrez, ô bien aimés compatriotes, que ceux d'entre vous à qui les leçons de bons maîtres et de leurs pères ont imprimé quelques égards pour les avis de veillards éprouvés au service de la patrie, reçoivent ici le bienveillant conseil de ne jamais se laisser entraîner aux déclamations, prestiges ou séductions qui porteraient à choisir des anniversaires de gloire et de jubilation entre certaines journées, à chacune desquelles beaucoup de sages appliquent cet hémistiche du poëte Stace, *excidat illa dies*, hémistiche que l'illustre historien et président de Thou appliquait à la St-Barthélemi..
....

Ceux qui ont un peu lu les grands écrivains de Grèce et de Rome, et parmi les modernes, sur ces deux grandes nations, Rollin, Vertot, Montesquieu, Paw, Mabli, etc, etc, sont rarement engoués des systèmes républicains dont il sera passagèrement fait impartiale mention dans ma *conciliation française*. En relevant, page 38 de la présente brochure, le mauvais mot d'une femme d'esprit, un peu satyrique, contre l'illustre Montesquieu, je démontrais l'inconséquence des railleurs qui, malgré l'exemple du jurisconsulte Charles du Moulin, gentilhomme de bonne maison, quoique simple avocat, du chancelier d'Aguesseau, etc, etc; voudraient déclarer un noble, revêtu de dignités judiciaires, incompétent pour écrire sur la noblesse et sur la législation. Certes une idée si bizarre ressemblerait à celle qui, depuis Xénophon et César jusqu'aux maréchaux de Montluc, de Turenne, de Villars et de Saxe, jusqu'à nombre d'officiers généraux, supérieurs et particuliers, défendrait à un militaire d'écrire sur la guerre. Il ne manque plus, surtout chez nos légers français, que de trouver mauvais qu'un noble instruit, depuis Pomponius-Atticus jusques et compris MM. de Sanzay, du Buat, de la Roque, de Boulainvilliers, de Prunelé, de Jaucourt, de Goth-Epernon, d'Hozier, de Montesquiou, d'Alez-de-Corbet, se mêle d'écrire sur les matières héraldiques ou généalogiques. Quant à ces matières, je dirai comment une certaine particularité, dont l'exposition sera mieux placée ailleurs, serait devenue certain jour intéressante et curieuse pour toute la ville du Havre. Cette anecdote est de nature à satisfaire, même à égayer, quelques lecteurs, et n'en fâcher certainement aucun..
....

Sous un Dieu de justice et de bonté, comment les 99 centièmes de l'espèce humaine raisonnante et sensible, à la dégradation de laquelle les plus profonds ou les plus subtils métaphysiciens ne peuvent assigner, conjecturer, imaginer une cause plus palpable que le péché originel, enseigné, démontré dans la doctrine chrétienne, se soustrairaient-ils au découragement, au désespoir qu'exciteraient chez plusieurs d'entr'eux les excès d'inégalités et d'infériorités morales, physiques, intellectuelles, politiques et sociales; si beaucoup de ces innombrables rejetons de notre malheureuse race ne recevaient par des grâces immédiates et particulières de la providence qui veille perpétuellement sur toutes ses créatures, tantôt par le canal des livres et des hommes admirables qu'elle appelle à les diriger et les instruire, tantôt par les avertissemens et les lumières propres à donner la perspective, ne recevaient, dis-je, la certitude ou la connaissance d'un état de choses compensatoire, justificatif et réparatoire de ce que nous voyons et sentons de pénible ou de défectueux pendant notre rapide apparition sur ce globe sublunaire.

A ce sujet, remarquons en passant qu'il ne faut jamais prendre au pied de la lettre les calembourgs ou paroles que la grosse gaîté se permet quelquefois sur des noms de personnes, de lieux ou de famille. Par exemple, que le nom de Lutèce vienne de ses anciennes boues et celui de Paris de son ancienne superstition pour la déesse Isis; n'oublions pas qu'à ces journées les plus affreuses des 14, 15, 16, 18 et 19mes siècles, même au temps où Paris aima mieux se brûler que de subir le joug de Labiénus, comme Moscou de nos jours s'est brûlé pour se défaire plutôt d'Attila-Napoléon, cette ville renfermait plus de victimes que de bourreaux et que la vertu n'a pas cessé d'y jeter encore un éclat plus brillant que les feux révolutionnaires.

Hommes frères de toute profession, de tout climat, de tout pays, si, nés dans une civilisation chrétienne, il vous arrive de voir une puissante majorité, soit apparente, soit réelle, et votre nation tomber dans une de ces folies générales et contagieuses, heureusement très-rares, mais toujours trop longues et trop funestes, où les plus brutaux et les plus impies des ultra-vandales et des iconoclastes anciens et modernes, portent des mains sacrilèges sur les plus honorables titres et monumens de religion, de patrie, de famille et d'individus, songez toujours que pour mieux plaire et servir à Dieu et aux hommes, il faut préférer l'humanité à la patrie, sa patrie à sa famille, sa famille à soi-même, et que pour empêcher nos concitoyens égarés de rester, suivant les expressions de l'écriture sainte, comme de brutes chevaux ou mulets, comme des lions rugissans, comme des serpens vénimeux, nous devons nous montrer comme de doux agneaux sans malice et sans timidité, seul moyen de calmer les fureurs du crime ou de l'envie. Ne sommes nous pas tous les enfans du Dieu qui s'étant fait homme pour nous, naquit dans une étable, prit son berceau dans une crèche et son lit de mort sur une croix?

En blâmant l'exigence de certains sermens du nombre de ceux que St-Jean Chrisostôme et le protestant Grotius ont également condamnés et dont le refus me semble honorable pour ceux qui ne se doutent pas des explications inoffensives de ceux même qui l'exigent, et sur lequel j'ai cru devoir céder, comme Coriolan, aux instances de plusieurs parens, amis et voisins qui croyaient, ainsi que monsieur le duc de Fitz-James, au bien que peuvent encore faire et aux maux que pouvaient encore empêcher ceux qui ne se sont pas exclus de tout espoir ou pouvoir de coopérer aux vues, fonctions et nominations importantes à la tranquillité publique.

Au surplus, concernant cette matière et beaucoup d'autres, je m'en tiens, à cet avis conciliatoire de St-Paul et de St-Augustin: que ceux qui ne manquent pas s'abstiennent de gronder ceux qui mangent, que ceux qui mangent ne grondent pas ceux qui jeûnent..
....
....

En terminant ces dernières lignes, j'apprends avec la plus douloureuse inquiétude et surprise que mon cher et respectable Editeur est tombé dangereusement malade; si mes propres affaires et maladies m'empêchent absolument de franchir notre distance, je prie monsieur l'Imprimeur de n'en pas moins accélérer ces dernières lignes de mes *fragmens*; car différer plus long-temps me déplairait encore plus que le reproche d'avoir laissé sans corrections quelques *errata* qui seraient échappés à ma vue fatiguée.

L'aridité de ces matières (chevaleresques, généalogiques, archéologiques et diplomatiques) est souvent tempérée, 1° par la découverte de nouvelles consanguinités entre diverses branches et rameaux de l'universalité du genre humain, et modérer les préventions, les animosités, par les raison qu'elle fournit de les jalousies que plusieurs de ces branches exerçaient les unes contre les autres avant de se connaître; 2° par les considérations suivantes dont je me pénétrais longues années avant de relire mon Bossuet qui les exprime, beaucoup mieux que je ne saurais le faire, dans un sermon du vendredi de la 4me semaine de carême, au tome 5 de mon édition in-4°, publiée par Dom Deforis pieux et savant bénédictin des Blancs Manteaux, arrêté par la hache révolutionnaire au 19me volume de cette belle entreprise qui devait en avoir 30; le dernier devait renfermer le lénitif ou le correctif de quelques incartades échappées à certains controversistes d'ailleurs estimables, à l'occasion de l'affaire du quiétisme dont l'issue fit triompher à-la-fois et l'épiscopale orthodoxie de l'aigle de Meaux et l'humilité pastorale du cygne de Cambrai.

Voici donc quelques-uns de ces passages préservatifs des vanités nobiliaires et des détractions roturieres, également approuvés des célèbres, pieux et rigoristes feu M. Chérin, père du général, et feu M. d'Hozier-de-Sérigny, oncle du président et du chevalier d'Hozier, que je crois encore vivans tous deux ; « qu'est-ce que cent ans, qu'est-ce que mille ans ?
» puisqu'un seul moment les efface...... Cette recrue conti-
» nuelle du genre humain, je veux dire les enfans qui naissent,
» à mesure qu'ils naissent et qu'ils s'avancent, semblent nous
» repousser de ce monde, et nous dire : Retirez-vous, c'est
» maintenant notre tour........

» Toutefois, au milieu de cette matière et à travers l'obs-
» curité de nos convertissemens, qui vient des préjugés de
» nos sens, si nous savons rentrer en nous-mêmes, nous y
» trouvons quelque chose qui montre bien son courroux
» céleste et qui nous reproche la corruption. »

L'ombre de Bossuet, ne s'élèvera pas contre le pécheur qui soutiendra cette citation de ce verset de l'écriture sainte : *Cogitavi dies antiquos et annos æternos in mente habui*...
....
....
....

Pour couronnement aux nombreux errata tant relevés qu'omis, et que des lecteurs exercés ne mettront pas sur mon compte, voici la dernière annotation qui remplira la dernière page de cette mince brochure, avant-courrière d'une autre qui sera peut-être plus considérable, mais non moins véridique ni moins convenable. L'instabilité des choses humaines sur laquelle la religion, la philosophie, l'histoire, les observations, lectures et conversations, soutenues d'une expérience journalière, ou presque perpétuelle depuis 42 ans, donnent aux Français de grandes et fortes leçons, doit les préserver d'ivresse et de présomption quand les chefs vont à leur gré, comme elle doit les mettre à l'abri du désespoir et de la misanthropie que pourrait leur suggérer la violence également transitoire ou le cours passager de ces sortes d'événemens et de choses quand elles leur répugnent. La communion chrétienne dans laquelle m'a fait naître la divine providence, qui nous surveille et nous gouverne tous (en même temps que son soleil luit sur les bons et sur les méchans), m'apprend que tous les hommes, sans déroger aux utilités, proportions et convenances naturelles et sociales (comme de pères à enfans, de mari à femme, de chef à subordonné, de maître humain à serviteur libre) doivent s'entreregarder comme frères, même comme autant de rois détrônés depuis la chute de leur premier père. O bien aimés frères, toute cette orgueilleuse et fragile génération ne saurait trop continuer ses adorations et bénédictions envers l'infinie

puissance et bonté du souverain arbitre et créateur de leur être, du suprême ordonnateur, juge, conservateur, ou réparateur dont le nom toujours sacré fait à jamais leur ressource, leur consolation, dût-il les soumettre aux mêmes épreuves dont triomphèrent l'admirable résignation du saint homme Job, la confiance encore plus ancienne et plus admirable d'Abraham, et la tendresse plus qu'héroïque de la mère des Machabées...
....
....

Sur le peu de lignes qui vont suivre, je requiers encore un peu d'attention.

En attendant la brochure dont celle-ci n'est que l'introduction, soit que quelques-uns de nos honnêtes, nombreux et bien aimés concitoyens approuvent ou rejettent l'espèce de consanguinité morale que je crois avoir avec tous ceux qui ne sont pas des méchans endurcis et volontaires, ou même la consanguinité physique, mutuelle et plus que double, commune à tous les mortels vivans par leurs premiers ascendans Adam ou Adino, Noach ou Noë, consanguinité dont les environ cent premiers degrés ne peuvent s'établir qu'implicitement sans distinction des degrés successifs, mais que pour les environ vingt dernières générations, je pourrais encore, d'après les débris de mes anciens titres, établir explicitement et filiativement de tête en tête, avec beaucoup de loyaux Français et même d'estimables étrangers qui tiennent aux plus hautes et même aux moyennes ci-devant classes entre lesquelles notre ci-devant civilisation française, semblable sur ce point à la plupart des plus illustres et plus sages institutions anciennes et modernes dans le paganisme, le judaïsme, le tartarisme, le christianisme et le mahométisme, reconnaissait une hiérarchie de supériorités et d'infériorités, essentielle au maintien de l'ordre social, et formant le meilleur frein, le plus fort contrepoids à la soif, à la puissance, à la soif de l'or, en même-temps que la meilleure digue aux ambitions excessives et téméraires, aux manéges et manœuvres de l'intrigue, aux caprices et aux insolences de la fortune et de la faveur, aux dégouts ou découragemens de ces hommes de mérite et de naissance, qui moins sensibles à la perte de leur état, de leur patrimoine, de leurs droits et de leurs prérogatives qu'aux immenses revers de leur patrie malheureuse et trompée, se rendent comparables au vaillant St-Hilaire, déplorant moins la perte de son bras que la perte du grand Turenne, frappé du même boulet, et dont quelques-uns seraient néanmoins tentés dans certains momens d'oubli ou de manquemens que leur détresse, causée par de nobles motifs, leur attire de la part de certains parvenus, se sentiraient par fois tentés de répondre aux offenseurs par ces deux vers de l'*Enfant prodigue*, de Voltaire, vers où je ne change qu'un seul mot dont la mesure est la même :

> Que la misère entraîne d'infamie !
> Faut-il encore qu'un préfet m'humilie ?

Cher lecteur, il n'y a rien de personnel dans cette anecdote et cette citation. Grâces à Dieu, j'ai vécu en bons termes avec tous les préfets que j'ai eu l'honneur de connaître, et ma conduite, mon langage et mes opinions n'ont jamais trompé ni blessé ceux d'entre eux qui me comptaient parmi leurs administrés ou subordonnés.

Mais par toutes les considérations que je viens de vous exposer, je n'hésite pas à vous avouer publiquement ici que je me déclare particulièrement frère, défenseur et partisan de tous les Français innocemment en butte ou en proie aux vexations, accusations, perquisitions, arrestations illégales, arbitraires et très-injustes du faux patriotisme, ou de l'inique et fougueux fanatisme qui se conduit à leur égard comme le grand inquisiteur Torquemada fut taxé de le faire contre de braves et bons sujets d'un roi d'Espagne, et comme sous les indéfinissables cohues substituées à nos états généraux, se conduisaient nos proconsuls et nos accusateurs publics envers d'excellens et fidèles enfans de la France.

Mes liens avec la ci-devant Bretagne (berceau de la famille maternelle de mes enfans, comme la ci-devant Normandie est celui de leur famille paternelle) ne me laissent pas lire sans indignation les durs et très-inconstitutionnels procédés récemment exercés contre messieurs et mesdames de Boderu, du Breil-Lacaunelaie, etc., etc., autres personnages très-intéressans de cette province et de plusieurs autres dont il serait trop facile de dresser une très-longue liste. O liberté ! liberté emprisonnante ! ô sécurité meurtrière ! ô tolérance persécutrice ! ô désintéressement révolutionnaire qui dans vos innombrables bouleversemens et destitutions, ne mettez pas de bornes à la maxime Cartouchienne ou Robespierrienne, *ôte-toi de là que je m'y mette, moi ou mes amis*, sachez que malgré le pardon que je vous accorde, en ce qui ne concerne que moi, achez, dis-je, que du fond de la tombe où va me précipiter l'inévitable contre-coup de vos cruautés à l'égard de plusieurs de mes amis et proches, il pourrait un jour sortir (non certes comme de la tombe fabuleuse de Ninus dans Voltaire et de Hamlet dans Shakespear, mais peut-être comme des terrains consacrés par le précieux dépôt des derniers restes de Henry IV, de Louis XVI, de Louis XVII, de la reine Marie-Antoinette, de la sainte princesse Elisabeth, des ducs d'Enghien et de Berry, de tant d'autres illustres victimes aux moindres desquelles je n'aurai jamais la fatuité de me comparer) une voix patriotique et vengeresse trouvant de l'écho pour surmonter la surdité de vos oreilles, l'insensibilité de vos cœurs, et peut-être pour vous disposer au repentir, capable de faire fléchir en votre faveur l'infaillible justice du Dieu qui s'est fait homme par suite de son infinie clémence dont vos crimes et vos péchés ont un si grand besoin.

O mes frères! je ne dispute pas au moins éclairé d'entre vous la supériorité sur moi, chétif en talens, esprit, lumières et capacité de tout genre quelconque, mais j'espère que ma *conciliation française* et le ton d'aménité, de candeur et d'ingénuité dont je ne crois pas m'être jamais écarté, vous prouvera qu'il n'est pas en France de citoyen plus enflammé que votre serviteur du véritable amour de la patrie et de la vraie liberté, dont les plus grands ennemis sont l'arbitraire et la licence, ainsi que la superstition, le bigotisme, le fanatisme et la persécution sont les plus grands ennemis de la religion de Jésus, répandue dans toutes les parties du monde connu, professée par la grande majorité de l'Europe, et qu'avec la grande majorité de mes compatriotes je ne cesse pas d'aimer, de croire, et de révérer selon la doctrine et le culte de l'église catholique, apostolique et romaine qui n'autorise aucun de ses enfans à jamais offenser ceux de leurs semblables que certaines dissidences en opinions spéculatives, historiques ou métaphysiques, n'empêchent pas d'aimer la vertu et de s'efforcer de la pratiquer...

Principaux errata omis ou mal corrigés entre ceux qui sont marqués à plusieurs des pages précédentes.

Page 1, ligne, en remontant, après *me salir* au lieu de il n'est rien, lisez *n'a rien*; ce monosyllabe *il* est mal à propos répété dans la première des corrections de la page XXXI.

Page VIII, ligne 3 du texte, substituez deux points à la virgule après *lecteurs*, puis mettez *il* au lieu de *qui*. — Même page, VIII, ligne avant-dernière, *par les moyens*, lisez *offrent des moyens*.

Page XIII, ligne 6, *l'aîné*, lisez *cet aîné*.

Page XVII, ligne 5 de la note, substituez cette liaison - à la virgule, entre le nom patronimique Roques et le nom féodal Montgaillard porté par la même personne.

Page XIX, je ne relève pas à la note la faute de *transvertissant*, au lieu de *travestissant*, parce que je la crois déjà relevée à d'autres pages.

Page XXIII ligne 10, *versalité*, lisez *versatilité*.

Page XXV, entre *Ciel* et *et*, mettez *nos prières*.

Page XXXI, ligne 5, en remontant, après page XII mettez le 10.

Page xxxvii, ligne 10 de la note *collectivement*, lisez collatéralement.
Page xxxi, lisez ainsi le vers latin :

O mihi prœteritos referat si Jupiter annos !

Page xxxix. C'est uniquement par stricte exactitude que je rectifie le nom *du Perré* ou *Duperré*, car aucun de mes lecteurs n'ignore ce nom si glorieusement illustré par le vice-amiral et pair de France qui s'est montré digne coopérateur de l'héroïque maréchal de Bourmont dont la personne auprès de ses impartiaux contemporains, et sa mémoire chez l'équitable postérité, seront vengées des calomnies dont quelques envieux de ses lauriers se sont efforcés de les tacher par des calomnies qui, malgré nos phases de vertige et d'erreur, n'ont pas eu plus de succès que le serpent de nos apologues n'en avait à ronger une bonne lime. Au surplus je ne veux entamer ici nulle espéce de controverse capable d'aigrir ou de rouvrir les plaies encore vives, profondes et saignantes sur lesquelles je tâcherai bientôt, avec le moins de maladresse possible, de proposer plusieurs baumes de conciliation. Ne devant ni ne voulant occuper le public de l'auteur, dont il ne me convient de dire ni bien ni mal, tout ce que je puis en dire ou faire aujourd'hui se borne à répéter que tous mes concitoyens bien intentionnés dans leurs diverses opinions sur les affaires de l'état de notre patrie me sont chers, et que, malgré l'évidente impossibilité d'être plus heureux que le meunier de la fable à les contenter tous, je ne désespère pas d'en servir les plus nombreux et les plus raisonnables. Tout ce que je puis en manifester dans ce présent *erratum* ou passage, se borne à dire que si j'avais été à Paris le jour de Janvier ou Février dernier, où parurent sous la même date sur l'importance de la conquête et de la conservation d'Alger, un numéro du *Constitutionnel* avec lequel je suis rarement d'accord, et un de la *Quotidienne* avec laquelle je suis rarement en dissidence, j'aurais couru saluer, féliciter et remercier les deux rédacteurs.

Ce 18 mars, au moment ou j'écris ces lignes, je reçois les représentations d'une personne respectable qui m'honore de sa bienveillance malgré quelques divergences d'opinions politiques sur lesquelles nous nous payons de mutuelle confiance. 1° Relativement à ce que Bossuet, Fénélon, Domat et d'Aguesseau appelaient *droit divin*; je renvoie cette personne à son exemplaire de la seconde édition des sermons du père Charles Frey de Neuville, (bon jésuite, bon prédicateur, bon breton, bon français) Paris et Lyon 1777, 8 vol. in-8, panégyrique de St-Louis, 2me partie, tome 6, p. 366, 3; 2° je rappelle à cette personne qu'elle m'a bien souvent avoué que l'ignorance, la présomption, la sottise sont les lots de la grande pluralité du genre humain, soit en me comptant, soit en ne me comptant point................................

Nous avions conclu (bien avant la souveraineté populaire dont nous respectons docilement la dénomination dite officielle sans comprendre encore sa définition très-alambiquée) que plus on emploie d'hommes au gouvernement d'un vaste et populeux pays, plus ce gouvernement devient fragile et vieux. 3° Que ministres, chambres, autorités, associations ou personnes quelconques sont bien convenus des émeutes, ruines, et désordres qui nous effraient depuis environ 8 mois, mais n'ont pas encore démontré, peut-être même pas trouvé, ce que les masses ou l'élite de la population française aurait gagné depuis la même époque en sagesse, en bonheur, en liberté.

Quelles que soient mes idées ou mes absurdités sur certaines théories, personne en France ne sera plus observateur que moi des principes, actions et sentences, propres à maintenir l'ordre et la justice, entre des compatriotes de toute position, de toute opinion, de toute profession.

Page LII, ligne 8 en remontant, motifs *lisez* mobiles.

Page LXVII, vers la moitié 1794, *lisez* 1814.

Page LXVIII, avant-dernière ligne du texte, probre *lisez* probe.

Page LXIX, ligne 16, au mot *celui* substituez l'officier. J'annote que dans ce passage d'une phrase que j'aurais éclairée et coupée sans mon éloignement local de l'imprimerie, il ne s'agit pas du méchant prince dont l'historien breton Poullain de St-Foix (tome 3 de ses essais sur Paris), justifie la punition que lui inflige, sur le pont de Montereau en 1418, un autre breton (du Chatel) renommé entre les illustres de sa province, mais qu'il n'est ici question que du comte de Rocheplate, brigadier des armées du Roi, gentilhomme attaché à la noble commensalité du premier prince du sang et major de ses gardes lorsqu'il devint régent du royaume sous la minorité de Louis XV.

Page LXXX, ligne 4 en remontant, après les mots *dans l'éducation*, finissez ainsi la phrase et la page; « et dans monsieur Rubichon, combien l'action d'un corps si précieux et si distingué n'a cessé d'offrir une grande supériorité de faits, de vues, de travaux et de succès dans les établissemens et les œuvres d'instruction, de patriotisme et de charité.

Page LXXXI, ligne 17, immédiatement avant de piété répétez un peuple.

Même page ligne 21, après *France*, ajoutez in-4°.

Page LXXXII entre *et* et *Theutatès*, mettez *de*; pour rendre cette correction plus piquante ou plus intéressante, j'observe qu'au premier moment d'un peu de loisir ou de liberté, je rechercherai les notes ou débris de quelques unes de mes anciennes correspondances ou conversations avec MM. Court de Gebelin, sur son Monde primitif; Bailly, sur son Histoire de l'Astronomie; Corret de la Tour-d'Auvergne, sur ses Antiquités gauloises, Le Brigant sur ses Glossaires et vocabulaires celtiques, l'abbé Devie sur son Histoire ecclésiastique de Bretagne, le chevalier de Guinement de Keralio sur sa traduction de l'Edda. Ces lectures, études et conférences m'ont fait entrevoir de sensibles dérivations et de frappans rapports entre les plus anciennes et les plus falsifiées des religions payennes et la plus antique et la seule vraie de toutes, celle qui, renfermée dans les livres sacrés de l'ancien et du nouveau testament, a été vérifiée, constatée, reconnue pour la vraie mère de toutes les communions, qui se disent ou se croient chrétiennes, par l'église catholique, apostolique et romaine, dont je suis loin de prétendre que tous ses partisans soient des saints, mais dont (sans la moindre intolérance contre mes frères ou mes concitoyens d'un autre avis) j'ai pour mon compte l'intime conviction qu'elle est parfaitement orthodoxe et démontrée, qu'il s'y passe même encore de nos jours des particularités d'après lesquelles on pourrait s'écrier avec le grand prêtre dans *Athalie*:

Eh! quel temps fut jamais plus fertile en miracles!

Daigne la providence opérer par ses nouvelles et par ses autres grâces, la confusion, le repentir et la conversion des détracteurs de cette religion sainte et l'affermissement de ses enfans dociles et fidèles dans la grande et sage majorité des Français!

Et vous, chers frères, séparés par quelques opinions théologiques nullement incompatibles avec la tolérance civile et la courtoisie sociale et fortifiées par la charité chrétienne, sachez que cette dernière me dispense d'entonner les airs et les paroles de quelques pièces musicales, poétiques, pieuses et patriotiques à la façon du révolutionisme ou de barbarie, qu'elle m'autorise à de vieux ou de nouveaux efforts pour chanter, non seulement le dernier verset mais la totalité du psaume *exaudiat*, 19e de notre vulgate et 18e du canon des Hébreux. Mais continuons les corrections typographiques:

Page LXXXIII, ligne 5, *années* lisez *liaisons*.

Même page 4e ligne de l'avant-dernier alinéa, ayant, *lisez* ayent.

Page LXXXIV, ligne 14, après le mot *satanique* substituez deux points à la virgule, puis à *mais dans* substituez *de plus j'ai l'espérance*.

DERNIER MOT DE L'AUTEUR A L'ÉDITEUR,

25 *mars* 1831.

Conformément à vos sages exemples, désirs et conseils, mon cher abbé, mes craintes, vœux et prières au Ciel pour le rétablissement de votre précieuse santé vont se changer en actions de grâces. L'heureuse nouvelle de la cessation de vos douleurs et celle de votre imminent danger m'adoucit bien sensiblement l'amertume du sinistre anniversaire et souvenir des maux qui recommencèrent pour la France, à pareil jour de 1815.

J'avais eu l'honneur de revoir nos rois et nos princes au retour de leur première émigration, je n'ai pu goûter le même bonheur depuis qu'ils revinrent de la seconde ; mais ils savaient tous, et celui qui porte aujourd'hui la couronne est celui de tous qui, comme son père, ses frères, ses grand'pères et son auguste mère, a reçu le plus de preuves de mon invariable dévouement aux principes, sentimens et devoirs de chrétien, d'homme et de citoyen.

Si parmi les fous et les méchans que le hasard pourrait découvrir et démasquer dans notre belle et vaste France, il s'en trouvait de capable de m'imputer à crime des regrets ou des pleurs sur le sort de quelques augustes infortunés, mon recours serait aux genoux de S. M., par des motifs dont quelques-uns sont allégués dans la présente brochure, et je suis bien sûr que la magnanimité de Louis-Philippe (*a*) arrêterait la perversité des délateurs, ainsi que la généreuse sensibilité de Louis XVIII approuvait les larmes versées par le général Rapp sur la mort d'un homme qui l'avait comblé de faveurs dont je n'ai mérité, reçu, ni demandé l'ombre sous aucun de nos gouvernemens.

APOSTILLE DU 29 MARS 1831.

N'ayant jamais été charlatan, j'avoue hautement et publiquement que mes moyens ou plans honnêtes et légitimes pour

---

(*a*) Je ne sais par quel oubli de l'Histoire de France des gens qui devraient la savoir un peu, nomment Philippe Ier le monarque qui ne serait que le 7me, si les deux noms devenus officiellement inséparables ne redevenaient que comme un seul par lui seul, comme Charles-Jean qui n'a pas voulu s'intituler Charles XIII pour la Suède, qu'il gouverne avec plus de succès que n'ont fait d'autres rois de la révolution, parce que plus souvent et plus sagement qu'eux, il s'est rapproché du mieux possible des vieilles institutions et maximes de son peuple et de sa nouvelle royauté. Si on avait mieux suivi ce modèle, la restauration française se serait consolidée.

opérer la conciliation française me paraissent d'une exécution véritablement très-possible, mais beaucoup moins facile en France depuis le 28 juillet 1830 qu'elle me paraissait l'être lorsque les premières pages en furent imprimées en avril 1827, quoique des retards inutiles à écrire en ayent fait suspendre la continuation de manière à faire considérer son annonce comme un poisson d'avril, ou peut-être à condamner sa publication, quand elle se fera, au sort de la *Pucelle* de Chapelain, ou de la montagne accouchant d'une souris.

Mais puisque ma faible intelligence croit y voir des vérités utiles et salutaires pour tous les temps et tous les pays, je n'hésiterai pas à mettre au jour le plustôt possible un travail destiné et consacré à mes concitoyens.

Comme il embrasse toutes les classes et professions sociales, on y verra que j'ai tenu parole à mademoiselle Duchesnois qui, je crois, n'a jamais donné dans le tripotage ou patrigaudage du Jocobinisme, et au grand acteur Talma que j'ai vu bien guéri de l'épidémie qui dans son commencement avait gagné sa jeunesse, comme celle de beaucoup d'autres qui ne sont pas tous également guéris dans un âge beaucoup plus avancé. Entre ceux-ci, sans nommer personne, j'ose en sortir, 1° les abusans d'autorité qui faisaient eux-mêmes des solécismes et des barbarismes dont M. Colnet a fait justice, ont reproché si durement une légère faute d'orthographe à un bon maire gentilhomme, 2° les plus abusans à qui Lord Montgommeri Néville a fait sentir d'une manière chevaleresquement anglaise et française l'incongruité, pour ne pas dire la platitude et l'ordure de certains vomissemens contre la noblesse, la nation, la dynastie, l'histoire et les anciennes armoiries et vraies gloires françaises, y comprises particulièrement celles d'environ deux cents villes et deux cents familles très-honorables.

Au surplus, je dois au public plus qu'à moi-même, l'attention d'éviter une controverse, qu'il me serait toujours fâcheux de trop prolonger et dont la partie journaliste aurait toujours le dernier mot. Que pourrais-je repliquer à des gens qui, sur mes plus grandes questions, se retranchent dans cette burlesque réponse ? *Monsieur est carliste. — Monsieur regrette les lettres de cachet. — Monsieur voudrait que le clergé ressuscitât la fête des ânes et le cantique; Son âne chantons, chantons son âne.* Je n'entends pas grand'chose à la musique, aux fêtes et aux chants de ces illustres, mais en leur supposant le patriotisme dont ils se vantent, je les supplie de joindre leurs doléances et réclamations aux miennes contre les visites, recherches, arrestations violentes, arbitraires qui s'exercent dans plusieurs départemens du royaume, sans aucune modifications, mesures et régularités commandées par nos lois, nos mœurs et notre constitution..

....
....
J'écris ce jour à mon libraire de m'envoyer le plus tôt possible la nouvelle production que des journaux annoncent de la part de M. le vicomte de Châteaubriant. Compiler n'est pas impoli surtout quand on cite : ainsi, j'ai l'espérance que quelques lignes de l'illustre auteur pourront embellir quelques unes de mes pages.

Quant aux critiques bonnes, médiocres ou mauvaises des journaux contraires à mon opinion, je tâcherai d'en faire mon profit sans craindre aucune polémique véridique; car l'homme occupé d'autres soins que celui d'écrire journellement et continuellement aurait toujours mauvais jeu, et j'aurais le dernier mot contre l'adversaire imprimant tous les jours

S'il plaisait au Roi des Français d'imiter le Roi de Suède en plaçant un chiffre entre ses deux noms de baptême, S. M. serait libre de choisir entre XIX pour Louis et VII pour Philippe. Les modernes antiquaires qui veulent ôter les fleurs du sceptre de Philippe-Auguste, de St-Louis et de l'épée de Luxembourg, de Condé, de Bayard et du connétable Duguesclin, ne rivaliseraient-ils pas en érudition avec ce peintre qui représentait la Ste-Vierge disant son chapelet ou son rosaire à son prie-Dieu, lorsqu'elle reçut la visite de l'archange Gabriel.

Voudraient-ils me dénoncer comme suspect, pour avoir conservé la Henriade, qu'on ne peut lire sans y trouver sur la vision céleste de Henry IV, guidé par St-Louis, ces deux vers propre à donner la fièvre à nos pieux destructeurs des plus révérés souvenirs, tableaux et monumens de la monarchie, ci-devant qualifié très-chrétienne.

> Là sur un trône d'or Charlemagne et Clovis,
> Veillent du haut des cieux sur l'empire des lys.

Serait-il possible, ô mon Dieu! Que des Français voulussent remettre la France à son cruel état d'avril 1814, de toute l'année 1793, aux incendies, destructions et pillages des hôtels, des châteaux, des gentilhommières, des maisons épiscopales, presbytériales et conventuelles, de plusieurs comptoirs, boutiques et magasins, des imprimeries d'où sortaient des écrits réfutatifs des mensonges et des sophismes de la désorganisation.

Quoique mon aggrégation volontaire à plusieurs compagnies royales ou nationales, de bienfaisance et de littérature, ne tende à nulle espèce de club ou d'association politique, j'adhère de vœux et de sentimens à celles des dernières qui, comme les 129 habitans d'Aix et plusieurs de ce genre, se sont constituées et converties en réclamations civiques et légales contre les arrestations, inquisitions et vexations arbitraires et précipitées qui, contre la lettre et l'esprit de nos institutions, constitutions bien anciennes et nouvelles, ont récemment violé dans plusieurs départemens tant de libertés et de sûretés publiques et privées.

Pendant les deux émigrations et depuis les deux retours du prince, devenu notre Roi; son altesse, d'abord sérénissime, puis royale, a daigné recevoir avec bonté l'assurance très-respectueuse et très-cordiale, ainsi que la preuve évidente de mon dévouement au Roi et à la patrie qui, pour moi, ne faisaient qu'un, dans le noble sens du grand mot de monsieur de Castel-Bajac.

S. M. et plusieurs de ceux qui l'approchent, savent que je suis incapable de flatter, injurier, trahir ou tromper qui que ce soit, comme de jouer le rôle d'espion, d'inquisiteur ou de délateur, et de manquer en rien à l'honneur, au patriotisme, à cette bonne foi chrétienne et sociale, d'après laquelle tout homme de bien ne dit que ce qu'il pense, ne fait que ce qu'il doit, sans être forcé de dire tout ce qu'il pense. Je finis par ces deux vers de feu M. Gudon, révolutionnaire royaliste :

> Humains, humains, soyez donc indulgens,
> Nous sommes tous plus faibles que méchans.

ERRATA OMIS OU NÉGLIGÉS.

Page XCIX, ligne 3 du premier alinéa, après Mabli, *ajoutez* Machiavel, St-Evremont, Marmontel, Hooke, Gibbon, Niébur, de Brosses, etc, etc. Même page et même alinéa, immédiatement après *de bonne maison*, lisez ainsi : *long-temps simple avocat, avant que son mérite et sa renommée lui eussent procuré une charge gratuite de confesseur au Parlement.* Encore même page et dans le bas du même alinéa ; entre Montesquieu et d'Alès de Corbet, *ajoutez*, du Buat de Nancay, de Baschi d'Aubaïs, de Crecy, etc. et nombre d'autres, cités partie dans mon *offrande aux Français*, partie dans mon article *degré de noblesse* dans le dictionnaire de jurisprudence à l'ENCYCLOPÉDIE, PAR ORDRE DE MATIÈRES; page CI, 4me ligne du dernier alinéa, depuis les mots *genre-humain* jusques y compris les mots *les jalousies*, de la 6me ligne du même alinéa, *corrigez* ou *lisez ainsi*: par les raisons qu'elle fournit de modérer ou réprimer les préventions, les animosités, les jalousies etc.

Page CII, ligne 9, qu'ils naissent, *lisez* qu'ils croissent; même page CII, ligne 18, convertissemens *lisez* avertissemens; Encore même page, ligne 23, de ce *lisez* par ce.

Page CIII, ligne 5 en remontant, après *boulet*, mettez un point ; puis recommençant une autre phrase, *lisez ainsi*: Néanmoins dans certains momens d'oubli ou de manquemens que leur détresse, causée par de nobles motifs attirés de la part de certains parvenus, quelques-uns seraient peut-être excusables de sentir par fois la tentation de répondre, etc.

Page CIV, après la Caunelaie, *ajoutez* du Plessis-Grenedan, du Bot-Cotuhan, Jégou-du-Laz, de Génouillac, de Farci-Malnoe, mesdames de Frottier-Bagneux, de Cornulier.

Page XXXI, ligne 5, en remontant, après page XII, *ligne* 10.

Page LIX, ligne 6, en remontant, seigneur involontaire, *lisez* volontaire involontaire.

Page CV, ligne 10, en remontant, corrigez le premier hémistiche du vers par *discuter* au lieu de *disputer*

Qui discute a raison, mais qui dispute a tort.

Page CVII, à la dernière phrase du 5me alinéa, en remontant, immédiatement après *commensalité* du premier prince du sang, *changez ainsi toute la fin de la phrase de la manière suivante* : Duc D'orléans et major de ses gardes, lorsque ce premier prince du sang, neveu de Louis XIV, devint régent.

Page CIX, à la note après *que ferai*, depuis la 3me ligne, *mettez ainsi* : Ne serait que le XIXe pour le premier et que le VIIe pour le second des deux noms, devenus officiellement inséparables en France et n'y exprimant qu'un seul et même Roi. C'est ainsi que l'habile et valeureux Bernadotte conserve à-la-fois ses deux noms baptismaux *Charles-Jean*, et n'a pas voulu s'instituer *Charles XIII* pour la Suède.

Par suite des perpétuelles contrariétés et renaissantes fatalités qui semblent me poursuivre depuis très-long-temps et surtout redoubler depuis le commencement suranné de cette besogne typographique, mes commissionnaires m'ont récemment égaré plusieurs morceaux envoyés, pendant les retards d'impression, pour recouvrer (au moins en partie) des jours d'à-propos et d'opportunité que certains incidens m'avaient fait perdre. Quelque peu de prix que mes lecteurs et moi nous attachions aux écrits éphémères de mon obscure et faible plume, j'avoue n'être pas insensible à cette perte. Ces regrets naturels et presque paternels de tout auteur grave et laborieux me paraissent excusables et légitimes chez celui dont les sujets élevés, les intentions pures et beaucoup d'exemples et de conseils respectables l'avaient déterminé à rendre publiques certaines vues de bien général susceptibles de contribuer sensiblement à ce qui peut s'appeler *majorem veritatis, libertatis et patriæ gloriam et felicitatem*.

N'ayant plus le temps de recommencer ce travail, inspiré par une philantropie chrétienne, je me résigne comme Valincourt à l'incendie de sa bibliothèque, et comme je me suis (hélas bien souvent) résigné moi-même à des pertes infiniment plus considérables et plus regrettables que mes livres et mes écritures; je me résigne, dis-je, à me contenter de l'espérance de pouvoir interposer dans quelques passages de ma *Conciliation*, promise par cette *Introduction*, ce que ma mémoire et mes cartons peuvent me faire recouvrer de mes papiers perdus.

J'avertis ici, pour bonne cause, qu'en réponse à plusieurs lettres et questions imprudentes, sous une police ombrageuse et tracassière, on peut opposer ce vieux quatrain, propre à bannir également et la témérité et la pusillanimité.

> Un homme qui joint à l'esprit
> La sagesse et l'expérience,
> Pense toujours tout ce qu'il dit,
> Mais ne dit pas tout ce qu'il pense.

Pour clôture à ces fragmens je remets encore à la brochure qu'ils annoncent, le remplacement de mes observations adressées à messieurs les très-nobles pairs duc de Fitz-James et vicomte de Châteaubriant, à plusieurs militaires, magistrats, ecclésiastiques normands, bretons et beaucerons, à M. le baron d'Eckstein et MM. de l'*Avenir*, de la *Quotidienne*, de la *Gazette de France* et de la *Gazette de Bretagne*, etc., etc.

En attendant, je n'hésite pas à déclarer qu'il me semblerait indigne des gouvernemens et gouvernés de mon pays, non-seulement de retrancher, mais de ne pas augmenter un peu la trop faible ou trop insuffisante indemnité des secours et des biens qu'au nom de la nation des hommes devenus régicides, nationicides et liberticides, ont enlevés aux ministres de la religion professée par les 8 ou 9 dixièmes des habitans ou des sujets de cette antique monarchie qui n'a cessé que depuis 7 ou 8 mois d'être intitulée, qualifiée et surnommée TRÈS-CHRÉTIENNE.

Tout en adoptant les prévisions consolatrices et les conjectures lumineuses de MM. de Mestre, de Bonald, de La Menais, de Frayssinous, de Châteaubriant sur la future reconnaissance de la suprématie chrétienne, je ne manquerai pas de soumettre généralement à tous mes concitoyens et particulièrememt aux plus vertueux et plus instruits, mes idées, recherches et rêveries sur la meilleure base des plus satisfaisans rapports, de la plus libre indépendance mutuelle, en un mot, de la plus douce et la plus salutaire harmonie entre le pouvoir spirituel et le pouvoir temporel, sans nul empiétement d'aucune part et toujours au plus grand avantage et contentement des hommes les plus raisonnables dans toutes les croyances ou non-croyances, de manière que le zèle de quelques uns et l'indifférence de quelques autres n'entraînent jamais aucune espèce d'intolérance civile ni de trouble quelconque.

L'intolérance théologique tient à l'inévitable différence ou

(cxv)

distance entre ce qui nous semble erreur et ce qui nous semble vérité; mais J.-J. Rousseau suppose à tort que des hommes privés de quelque lumière puissent regarder comme ennemis volontaires de Dieu et par conséquent des hommes, et comme nécessairement antipathiques de bons voisins et d'honnêtes citoyens de diverses opinions, ignorances ou connaissances sur des matières de métaphysique ou de foi sur d'autres points.

J'ose adresser de très-humbles et très-justes remercimens à monsieur de Martignac, ancien ministre et député, à qui ma cordialité, ma franchise et mon impartialité ne seront point suspectes, puisque nous ne nous sommes jamais vus ni connus, jamais écrit ni parlé, et que d'ailleurs, en 1828, sans me permettre flatterie, satire, indécence envers qui que ce fut, je ne fis pas mystère d'une opinion moins conforme à celle de M. de Martignac, qu'à celle du corps épiscopal et sacerdotal de France, de messieurs Boussotte et autres.

CONTINUATION DES APOSTILLES ET DES CORRECTIONS.

Sur la première lettre, il faut se ressouvenir qu'elle avait été livrée à l'impression dès la fin de novembre 1829 et que l'épreuve en avait été vue et corrigée dès le commencement du mois de décembre par l'auteur qui, grâce à Dieu, ne fut jamais flatteur, satirique, trompeur, cabaleur, calomniateur, frondeur, persécuteur ni girouette. Les dates sont importantes pour un grand-père et un grand-oncle qui, sans jamais aduler ni blesser les personnes, n'oublie jamais les égards qu'il doit à son gouvernement, à la justice, aux bienséances, à la société, à ses supérieurs, ses proches et ses subordonnés, à lui-même et surtout à la justice et à la vérité.

Pour plus grande exactitude, voici quelques-unes des corrections omises dans les précédens relevés d'errata.

Page IV, à l'avant-dernier *alinéa*, on a perdu le second membre de la phrase qui doit commencer par 2°; c'est pourquoi, si le manuscrit ou la copie de ces lignes ne se retrouvent pas, il faut supprimer le chiffre 1°.

Page VIII, à la note, ligne 2, en remontant, au lieu de *par les*, effacez *les*.

Page CVI, au lieu de *dire*, lisez *écrire*; même page, ligne 2 et 3, en remontant, au lieu d'une virgule entre 366 et 388, mettez *à*.

Page CVII, ligne 7, au lieu de *vieux*, lisez *vicieux*; même ligne, page 16, au lieu de *sentences*, lisez *sentimens*.

Page CVIII, ligne 5, au lieu de *Devie*, lisez *Deric*. (J'ai salué jadis chez lui ce digne grand-vicaire et chanoine de Dol).

Page CX, ligne 3, en remontant, *aucune*, lisez *aucunes*;

même page, lignes 8 et 9, en remontant, *son*, lisez *sire*, parce qu'à Beauvais, à Paris, à Rouen, l'on chantait alors *sire âne chantez, chantez sire âne*, et que même alors, un âne était introduit dans le chœur ou dans la nef.

Page cxi, ligne 3, après *compiler*, au lieu de *n'est pas impoli* mettez, *c'est emprunter et non piller*, *surtout*, etc.

Même page, avant-dernière ligne, *converties*, lisez *concertées*. — Ligne au-dessus, entre 129 et *habitans*, mettez, ou 132.

Page cxii, au lieu de *Gudon*, lisez *Gudin*; ligne 22, après *royaliste*, mettez *et mitigé*; puis, à la 4ᵉ ligne, entre *Marmontel* et *Hooke*, ajoutez *Bridaut*; puis au lieu de *confesseur au Parlement*, lisez *conseiller au Parlement*.

REMARQUE DE CIRCONSTANCE, DE CONVENANCE, SURTOUT DE VÉRITÉ, par un abonné de la *Gazette de Bretagne*, bon Français partout, ayant eu des liens particuliers, qui lui sont toujours chers, ainsi qu'à sa lignée, avec cette province où sa première épouse et ses nombreux enfans (dont il ne reste que deux qui en ont aussi) avaient reçu le jour, à l'exception d'une fille née et morte à Paris.

Honneur et remerciment à la *Gazette de Bretagne*, dont le n° 39 du jeudi 21 avril, me fait connaître au feuilleton l'article intéressant qu'elle a tiré de la *Gazette de Maine et Loire*, et qui renferme une lettre de M. C.... ancien député; intéressante lettre, concernant un orphelin attendrissant, sur lequel la même feuille dans son numéro du 6 avril, rapporte une ballade que j'ai chantée avec un attendrissement comparable à celui que m'a causé la belle ode de M. Victor Hugo, sur un autre orphelin dont l'infortune surpassait encore celle du premier.

Ces 4 lignes me semblent suffisantes pour mettre l'illustre vicomte et pair, auteur du *Génie du Christianisme*, en explications amiables avec le digne compatriote et militaire, directeur et principal rédacteur de la feuille Bretonne. Je désire que le très-respectable abbé de La Menais daigne s'expliquer aussi sur l'important article qui le regarde, ainsi que M. de Montbel, dans une importante lettre de M. L****, insérée au n° du 21 avril dans la même gazette.

Par de telles indications, je me suis consolé des excessifs et désagréables retards encore survenus à l'achèvement de la présente impression. Je conserve l'assurance qu'elle ne recevra désormais, d'autres délais que le temps nécessaire pour imprimer ces dernières lignes et le court supplément qui va suivre.

Pour arrhes de ma *Conciliation française*, j'avertis que la page 129, à laquelle s'est arrêtée, depuis environ deux ans, la composition typographique, continue la lettre commencée au bas de la page 126. Cette lettre de 8 pages in-8°, fut mise sous presse vers la mi-mai 1828, à peu près dans le même temps qu'en sortit celle que j'adressai à cette époque aux journalistes français de toutes les couleurs, et dont le post-scriptum fut bientôt regardé comme une sorte de réfutation de sophismes ou vérités par lesquels des hommes dont le zèle n'était peut-être pas..
et ceux-ci n'ont jamais altéré chez moi les devoirs, les égards, les vœux d'un Français fidèle; les ordonnances m'étaient inconnues lorsque je laissai paraître cette épitre franche et bénévole aux écrivains périodiques de toutes les couleurs. Je conviens avec la même bonne foi que mon opinion sur ces ordonnances, sans affaiblir le plus légèrement mon respect toujours profond et jamais servile, mon obéissance toujours cordiale et jamais aveugle, mon dévouement toujours sincère et pur au Roi, fut conforme à celle que manifestèrent le corps épiscopal et sacerdotal de France, la majorité des catholiques, des royalistes, des magistrats et des jurisconsultes, entre lesquels je pourrais citer non-seulement l'abbé Boussotte, mais beaucoup de premiers écrivains et fonctionnaires tant laïcs qu'ecclésiastiques.

Cette manière de voir, de sentir et de juger ne m'empêche pas de rendre hommage aux excellentes intentions et qualités de M. l'évêque et ministre Feutrier, de Mgr le ministre et député Martignac, quoique je n'aie jamais eu l'honneur de les voir, ni de leur écrire; j'ai prononcé du fond de l'ame un *requiescat in pace* à la nouvelle de la mort du premier qui probablement se disposait à réparer sa malheureuse distraction; et nul Français n'est plus pénétré que moi de l'admiration, de l'estime et de la reconnaissance que tant de bons esprits et de bons cœurs s'empressent de témoigner au noble usage et déploiement que M. de Martignac, dans une circonstance critique et périlleuse, a fait d'une éloquence véridique, sublime, pathétique et vertueuse. Cette éloquence me paraît avoir marché de pair avec celle des défenseurs de trois autres français en grande évidence, accusés dans la même cause, et d'aucun desquels je n'ai l'honneur d'être connu, mais dont l'affaire excitait l'attention de toute la France, même de l'Europe entière. La même force, le même éclat de talent et de dignité se trouvent dans les belles réponses de M. l'abbé de La Menais et de Lacordaire aux accusations anti-catholiques, anti-nationales, anti-constitutionnelles dont la justice d'un jury et la sagesse d'un tribunal les firent triompher au grand contentement d'un nombreux auditoire de citoyens de toutes les classes et de toutes les opinions. Détracteurs de la plus antique, la plus constante et la mieux raisonnée, la mieux prouvée de toutes les constitutions, croyances et corporations religieuses; souvenez-vous que dans une audience de la nuit du 31 janvier au 1er février 1831, deux prêtres catholiques ont victorieusement lutté contre des agresseurs libéraux, en faveur de la liberté des consciences, de la liberté de la presse, et des libertés personnelles et générales, civiles et politiques. Honneur à l'arrondissement du Havre où va bientôt s'éteindre le frêle débris de ma caduque existence, et dans lequel au milieu de nos récentes crises, je goûte la consolation de voir l'exemplaire concours des autorités civiles et militaires, des gardes nationales et de la généralité des habitans pour assurer l'harmonie, le repos, les libertés et les propriétés de tous les citoyens dont l'inévitable différence de théorie et d'opinions religieuses, philosophiques ou politiques n'est mélangée d'aucune tentation de malveillance ou de perturbation.

Je remets à ma *Conciliation française*, le peu de mots que j'ai le désir d'adresser aux mânes de madame la baronne de Staël et de Jean-Jacques Rousseau, et à deux célèbres écrivains vivans, sur ce qu'on appelle *droit divin*. L'exactitude des définitions, recommandées par Locke et Helvétius, et désirée par tous les bons esprits et les bons cœurs, dont l'hétérodoxie de bonne foi n'enfante pas de systèmes haineux, feront tomber les disputes semblables à celle qui confond le philosophisme avec la philosophie, ou le bigotisme avec la piété. En attendant, les personnes de son sexe honorablement et justement appelé dévot et beau, qui me feraient l'honneur d'abaisser leurs yeux sur cette mince brochure, sont priées de lire dans leur langue, les deux premiers versets du psaume 126 de la vulgate. Si (à ce qu'à Dieu ne plaise), quelques-unes de ces aimables et spirituelles lectrices, étaient assez atteintes de certains écarts du jour, pour épargner aux textes des mêmes vérités, consignées dans plusieurs passages de l'ancien et du nouveau Testament, je les renverrais à Voltaire, qui, dans sa *Philosophie de l'histoire* (d'accord sur ce point avec l'histoire ancienne du pieux Rollin), fait un magnifique éloge du préambule religieux du sage payen Zaleucus, aux lois par lui données au peuple de Locres. Zaleucus et son contemporain Carondas furent élèves ou disciples de ce grand Pythagore, législateur de Tarente, dont la modestie préféra le titre *d'amateur de la sagesse* à celui de *sage*.

Carondas et Zaleucus, afin d'obvier aux perpétuelles innovations et variations de la démocratie, réglèrent que désormais tout homme qui autoriserait ou proposerait une loi, ou un changement de loi, ne pourrait l'énoncer ou l'exprimer que la corde au cou, afin d'être étranglé sur-le-champ, si la motion n'obtenait pas l'assentiment de l'assemblée délibérante. Il est certain que, sous les ministères de Louis XVI et de Louis XVIII, la révolution française, une des plus excessives, dont les historiens, les voyageurs, les jurisconsultes et les publicistes aient donné la connaissance, ne serait pas devenue cette formidable ainsi qualifiée par l'énergique monsieur Janvier, défenseur de monsieur de La Menais.

DIMANCHE, 1er MAI 1831.

Encore un délai dont je vais profiter pour la déclaration suivante:

Aujourd'hui jour de St-Jacques (a) qui ne fut jamais le patron des jacobins, et de St-Philippe qui le fut de six de nos rois, je n'ai pas manqué de me réunir aux bons cohabitans de mon village pour implorer dans notre temple catholique, avec notre édifiant pasteur, les bontés du Roi des Rois en faveur du chef majestueux et des trente millionièmes individuels formant ensemble la souveraineté populaire de la France, à laquelle il m'est plus doux et plus agréable de témoigner obéissance et respect qu'il ne me serait facile de définir les droits qu'elle m'accorde et les devoirs qu'elle m'impose.

En réponse à de nouvelles lettres, tant signées qu'anonymes,

(a) Les frères prêcheurs, au lieu de continuer à s'intituler en France *Dominicains*, s'y laissèrent appeler *Jacobins*, à cause de leur grand établissement de la rue St-Jacques à Paris. Leurs couvens, comme tous ceux de la monarchie ci-devant titrée très-chrétienne, furent détruits ou vendus lors de la sainte régénération, non moins anti-religieuse qu'anti-monarchique. Une association des plus séditieux clubistes s'empara de leur local et de leur sobriquet ou surnom, puis ils y fondèrent des espèces de séminaires, bureaux ou commissions qui devinrent les prototypes des comités de recherche d'où partirent bientôt des missionnaires plus formidables et plus malfaisans que ne le furent jamais les plus violens inquisiteurs de Lisbonne et de Goa.

Sans jamais y mêler rien des avantages et des vertus que produisaient quelques-uns de ces derniers, disons en passant que jamais St-Dominique, leur pieux et bien intentionné pasteur et patron, n'a fait mourir personne, et que des fanatiques tels que Valverde, n'ont été qu'en minorité dans cet ordre vénérable qui, de l'aveu du ministre protestant Robertson, produisit beaucoup d'imitateurs de Lascases et réprima les rapines et les cruautés de plusieurs belliqueux et féroces aventuriers espagnols.

J'avertis qu'il ne m'appartient pas de rien prononcer publiquement des sentences graves qui blessent mon opinion dans les décisions des magistrats pourvus de toute la compétence qui me manque entièrement. On ne me verra jamais chercher à m'ériger en redresseur de tous les torts comme le héros de Cervantès, encore moins comme le savetier de Smyrne; mais j'espère incessamment l'occasion de publier, sans offenser aucun honnête homme, mes sentimens sur de très-nobles pairs, magistrats, défenseurs et citoyens forcés de plaider.

Ce 11 mai 1831, est le plus heureux des anniversaires que je célèbre depuis le rapport fait au conseil du Roi martyr en novembre 1788. Or ce même jour m'arrive la nouvelle de l'arrivée au Havre du Roi (pour le 19), dont l'auguste aïeul et l'auguste mère honorèrent de leur parrainage mon premier né et premier mort Louis-Philippe de Toustain-Frontebosc. Hélas! dans l'automne de 1773, une dissenterie épidémique me l'enleva comme, quelques années après, l'épidémie politique de la France me priva de ses frères, bons capitaines d'artillerie. Ce terrible coup me frappa peu de jours après celui où tenant sur mes genoux et serrant dans mes bras cet aimable enfant, précoce en intelligence, grâce et beauté, j'avais fait au fond de la Bretagne ma cordiale et modeste réjouissance de la naissance de Mgr. le duc de Valois.

Si j'étais en situation de paraître devant Sa Majesté, je suis bien sûr que sa magnanimité, munie de l'évidente preuve que ni mes principes, ni mon langage, ni ma conduite, n'ont jamais trahi ni trompé qui que ce soit, n'ont jamais offensé ce qui me paraît justice et vérité, n'accueillerait point les fausses et malveillantes interprétations de quelques égarés concernant les pleurs que je n'ai pu retenir sur d'augustes et lamentables infortunes; et même, en pareil cas, ma faible voix se livrerait à la seule espèce de dénonciation dont elle soit capable ou coupable, car elle reprendrait encore assez de force pour applaudir et se mêler aux rapports satisfaisans que lui feront sûrement des hommes dont je n'ai ni le talent, ni le mérite, ni la compétence, pour exprimer les soins et les succès de sagesse, de concorde et d'humanité par lesquels les autorités, les fonctionnaires et la généralité de la population de la ville et de l'arrondissement du Havre veulent les rendre exemplaires à plusieurs autres parties de la France et les garantir de ces inquisitions scandaleuses, de ces arbitraires arrestations, poursuites et vexations qui, contre l'esprit et la lettre de nos lois et de notre constitution, tourmentent d'autres arrondissemens.

De quel immense bienfait la France n'aura-t-elle pas à remercier le roi des rois que nulle tentative ou folie humaine ne peut détrôner, aussitôt qu'elle en recevra des chefs dont la valeur et l'intelligence sauront tirer le plus grand parti, pour peu que ces chefs sachent substituer de vrais et salutaires principes aux faux et dangereux qui trop long-temps et trop fortement ont fasciné la bouillante et légère nation française, dont l'esprit, encore droit dans sa vivacité naturelle, sait tirer de son égarement presque légitimé ou constitutionnalisé, des conséquences qui malheureusement deviennent plus allarmantes ou plus périlleuses à mesure qu'elles sont plus justes.

La sagesse, qui dès-lors escorterait, éclaircirait, perfectionnerait l'amour bien fondé, mais mal dirigé des français pour l'ordre, la justice et la liberté, les rendrait l'amour et le modèle des nations dont leur impétueuse vaillance et leur enthousiasme démagogique les a rendus le fléau.

Sans rejeter indistinctement toutes les améliorations et nouveautés, que de nouvelles remarques, de nouvelles découvertes, de nouvelles circonstances nous conseillent; gardons-nous des plagiats de sédition, de révolte et de sophisme qui, partout depuis environ cinquante ans, ont séduit tant d'esprits intrigans, erronés ou crédules. Lecteurs des livres profanes rappelez-vous quelquefois ce vers de Virgile : *Heu pietas ! heu prisca fides !* Lecteurs de l'Écriture-sainte n'oubliez pas ce verset d'Ezéchiel : *Revertimini ad antiquitatem vestram.*

Le vide ou blanc de la page LXXXVIII marque une lacune qui devait achever cette page et même remplir la suivante; l'auteur surchargé d'occupations étrangères à cette occupation, et plus que lassé de tant de retards, prie l'imprimeur de passer outre et de transmettre l'avis suivant à ses lecteurs.

« Le peu de pages encore et nouvellement égarées n'ayant
« pu se retrouver à temps, et l'auteur manquant du loisir ou
« de la tranquillité nécessaire pour les recommencer, croit
« suffisant et convenable d'avertir que ce léger morceau rou-
« lait principalement, 1º sur les moyens encore légaux, faciles
« et simples d'utiliser, honorer et stabiliser la pairie, tant via-
« gère qu'héréditaire, sans se permettre d'y jeter arbitrairement
« des fournées de soixante à quatre-vingt recrues tels quels,
« pendant qu'à la rigueur le Roi s'est interdit le pouvoir de faire
« d'emblée sous-lieutenant un Montmorency, un Rohan qui
« n'aurait pas hasardé les fruits de ses souvenirs héréditaires
« et de son éducation dans un noviciat de quatre années de
« caserne ou de gamelle. Les vues qu'il développera dans sa
« *conciliation française* empêcheront l'importance et la dignité
« de cette haute et brillante corporation de dégénérer en une
« espèce du supplantation semi-bourgeoise de la classe illustre,
« fidèle, généreuse et malheureuse à laquelle l'inobservation
« presque officielle ou ministérielle de deux grands et sages
« articles des chartes de 1830 et 1831 refuse presque tous les
« faibles vestiges de consolations ou d'indemnités que le gou-

« vernement et la nation semblaient lui promettre sur la foi
« de l'honneur et du serment. 2° Sur la trop grande facilité
« de nier ou renier hautement et publiquement l'indispen-
« sable, inévitable, sensible et suprême droit divin, surtout
« dans les états où le christianisme (unique source des moins
« imparfaites des civilisations humaines et sociales), n'est pas
« encore assez oublié, falsifié ou méconnu pour qu'on cesse
« de sentir la précieuse et salutaire importance d'y maintenir
« le plus noble accord et la plus douce harmonie entre ce que
« nous appelons *pouvoir spirituel* et *pouvoir temporel*.

Ce que j'aurai l'honneur de dire à ce sujet dans ma *conciliation française* à monseigneur l'Archevêque de Paris, à MM. de l'*Avenir*, de l'*Ami de la religion*, du *Catholique*, du *Correspondant*, de la *Quotidienne*, de la *Gazette de France* et de plusieurs autres bonnes *Gazettes*, entre autres celle de Bretagne, celle du Midi, de Maine-et-Loire, au Journal de Normandie qui s'imprime à Caen, à MM. les vicomtes de Châteaubriant et de Wals-Serrant, à M. le comte de Montlosier, même à M. l'abbé comte Grégoire qui, s'il vit encore, ne doit pas me savoir mauvais gré de la justice que je lui ai rendue, en me défendant contre une large erreur où il est tombé à mon égard; tout cela, dis-je, trouvera quelques lignes dans ma *conciliation française*.

En attendant, je me borne à chanter avec nos pieuses et bonnes françaises, munies de traductions à côté du latin de leurs *heures* :

1° Ce passage de la prose *Veni sancte spiritus*, nouvellement rechanté, ce dimanche de Pentecôte.

Sine tuo numine, nihil est in homine, nihil est innoxium...
ou ces deux premiers versets du psaume 126, selon la vulgate, et 127 selon l'hébreu.

Nisi dominus ædificaverit domum, in vanum laboraverunt qui ædificant eam.

Nisi dominus custodivit civitatem, frustra vigilat qui ædificant eam.

Encore quelques errata ci-devant omis, et sur lesquels, vu les affaires et les événemens de l'auteur, de l'éditeur et de l'imprimeur, le premier se recommande à l'attention des lecteurs, en assurant que s'il rencontre d'autres fautes marquantes de ce genre après le tirage de la dernière page de la présente brochure, il se propose d'en consigner l'exacte correction dans quelques lignes de la *Conciliation française*.

Page LXI, prospère *lisez* propice.

Page LXV, ligne 7 en remontant, au lieu de page XI *lisez* page XV.

Page LXVII, entre le 2ᵐᵉ et le 3ᵐᵉ tiers de la page, au lieu de 1594 *lisez* 1814.

Page LXVIII, avant-dernière ligne du texte, prospère *lisez* propice.

Page LXXX, à la correction mise au bas de cette page, après les mots de l'éducation, *lisez ainsi les trois dernières lignes de cette page* : et dans M. Rubichon, combien l'action de ce corps n'a cessé d'obtenir une heureuse et grande supériorité de vues, de moyens, de faits et de travaux dans les établissemens et les œuvres d'instruction, d'apprentissage et de charité.

Page CXIX, ligne 8, on a perdu la copie sur laquelle était le substantif ou nom laissé vide par le compositeur après l'adjectif ou l'épithète *formidable anomalie*. Dès que de dignes lecteurs m'auront pu rendre mon exemplaire de quelques bon livres, j'espère retrouver dans l'important procès de l'*Avenir* le mot que j'avais goûté, retenu et cité de M. Janvier, mais qui, dans le moment où m'arrive cette avant-dernière épreuve, ne rentre pas dans la mémoire déclinante et surchargée d'un militaire, électeur, municipal, agriculteur, littérateur, et presque nonagénaire ayeul et grand-oncle............

Réponse honnête, succincte, claire et franche à quelques lettres tant signées qu'anonymes, dont j'ai déjà fait le sacrifice à Vulcain, de manière à ne jamais devenir suspect d'inquiéter, à plus forte raison de compromettre quiconque, avec bonne intention, juge à propos de m'adresser ou des louanges encourageantes qu'il me serait plus doux de mériter que d'obtenir, ou des avis sévères et fondés dont je tâcherai de faire mon profit et remercierai les auteurs, ou même de satires amères qui ne m'abattront, ne m'effrayeront, ni ne m'enfleront, et dont je rirai peut-être avec eux le premier, quand j'aurai l'honneur de leur parler ou de les connaître, et quand leurs traits les plus piquants, ne tomberont pas sur d'autres que moi.

La très faible raison du très-orgueilleux, très-contentieux et très-défectueux genre humain, lors même quelle est dénuée de la révélation, de la grâce, et de tous les appuis ou secours d'en haut (si nécessaires pour l'éclairer, la soutenir ou la diriger) est encore un des plus grands et des plus précieux dons qu'il puisse recevoir de son infiniment bon, sage, puissant et miséricordieux père, arbitre, juge, modérateur ou conservateur.

N'hésitant pas à me croire et m'avouer un des moins pourvus de ces dons répandus, comme une rosée céleste, par une main divine, sur l'aride généralité de mes semblables, je me suis accoutumé de bonne heure à soigneusement peser le pour et le contre, le fort et le faible de tous les objets, de tous les argumens, de tous les cas sur lesquels il me faut, ou prendre un parti clair et notoire pour moi-même, ou justifier à confiance des personnes estimables qui me font l'honneur d'insister dans leurs demandes ou désirs de mes chétifs avis, exemples ou conseils.

En retour de leur aimable indulgence ou de leur prévention beaucoup plus honorable et plus favorable qu'il ne m'appartenait d'y prétendre, je commence par les assurer qu'elles peuvent compter sur la sincérité de mes intentions et de mes efforts pour les satisfaire et les servir, en même temps que sur la réalité de ma juste défiance du peu de succès qu'on peut attendre de mes soins et moyens personnels, toujours très inférieurs au zèle qui me portera jusqu'à mon dernier moment à rendre à mon pays et aux particuliers méritans et capables, tous les services légitimes dont la providence m'accordera la possibilité..

Moins pour moi que pour ceux qui se donnent la peine de m'écrire et dont aucun n'a peut-être autant souffert que moi des calamités publiques et particulières, je les prie de s'abstenir désormais de questions dangereuses jusqu'à nouvel ordre à traiter par la poste, et ne pas exiger à cet égard de réponses à la fois épistolaires et catégoriques, tant qu'ils sont, ainsi que moi, sous le joug, la verge ou la férule des inquisitoriaux télégraphes et réquisitoires, plus dignes du temps de Robespierre que de celui d'un Roi qui continue la dynastie capétienne ou bourbonnienne, même en substituant sa branche à celle de son ainé.

....

De toutes les religions répandues dans toutes les parties du monde connu, celle qui me paraît la plus raisonnable, la plus satisfaisante, la seule fondée, la mieux prouvée (c'est-à-dire, la religion chrétienne), me semble aussi la plus facile à s'accomoder avec tous les genres de constitution civile ou sociale. Machiavel dans un de ses discours sur la 1re décade de Tite-Live, et Jean-Jacques Rousseau, dans un chapitre de son *Contrat Social*, n'auraient pas refusé cette préférence ou cette justice à la religion de Jésus, sans l'emportement de leur imagination, de leur amour-propre, de leurs passions. Montagne, qui d'abord en avait parlé dans son langage trop cavalier, l'a traitée plus sérieusement, plus dignement au chapitre de ses essais concernant Raimond Sebonde, et mieux encore dans sa traduction de ce théologien espagnol.

Pour juger mon naïf aveu d'une adhésion cordiale à la croyance du droit divin, il faut considérer que je l'entends dans le sens de Moïse, de David, de St-Paul, de St-Augustin, des pères et des plus accrédités docteurs de l'église, de St-François-de-Sales, de Fénélon, de Bossuet, de Domat, des abbés Arnault, Duguet, Pluche, Bergier; Paulian, Barruel et Berthier, de M. Necker (au mérite et aux écarts duquel je ne cesse de rendre un impartial témoignage), de MM. les vicomtes de Châteaubriant et de Bonald, du marquis Le Gendre de St-

Aubin, du comte de Mesiré, même de plusieurs illustres payens tels que Socrate, (a) Platon, Xénophon, Cicéron, entre lesquels plusieurs ont mérité l'application du mot de St-Cyrille, portant que leur amour de la sagesse était un apprentissage, un acheminement, une disposition respectable à la foi.

Dans les contrées où règnent le culte et les préceptes du divin sauveur et rédempteur des hommes, puisse la plus belle et la moins vicieuse des deux moitiés du genre humain se pénétrer pour elle et pour ses enfans de ces mots du psaume 113, selon notre vulgate, dont elle verra la traduction dans la plupart de nos livres d'église.

Qui timent Dominum, speraverunt in Domino, adjutor eorum et protector eorum est. (b)

Lorsqu'il fut question de rétablir en Bretagne le monument

(a) Il ne reste pas d'écrits de Socrate, mais Platon rapporte ses idées et ses conversations; ces deux coryphées de la philosophie payenne aspiraient à l'arrivée du sage par excellence, de l'être surnaturel qui nous est venu depuis dans le temps prescrit et prédit, être ineffable dont le philosophisme moderne nie l'histoire et repousse la doctrine; mais, comme dit Jean-Jacques, ce n'est pas ainsi qu'on invente, l'inventeur serait plus étonnant que le héros.

(b) On sait que le latin *Dominus* est la traduction de l'hébreu *Adonaï* qui signifie le Seigneur, et que les Juifs substituaient à *Iehova*, nom de l'être existant par soi même et que notre langue exprime par *celui qui est*. Les payens du latinisme disaient *ab jove cuncta bona* et sans faire le puéril étalage d'une érudition de basse classe, je me rappelle ici le 60e vers de la 3e églogue ou pastorale de Virgile :

Ab Jove principium, Musæ, Jovis omnia plena.

Jupiter est un mot ou nom moitié Juif ou caldaïque, moitié romain, revenant au *Jou-Pater*. Aussi, les étudians de quatrième trouvent-ils dans leur *gradus* ou dictionnaire poétique parmi les titres et les épithètes du plus puissant des dieux de la fable, les deux mots assemblés *Pater omnipotens*. Ils y voient aussi que tous les cas du nom de Jupiter, à la seule exception du nominatif et du vocatif, font *jovis, jovi, jovem, jove*. Il n'est ici question que de la force grammaticale du nom, sans entamer les histoires et les allégories mythologiques.

Lorsqu'on voulut rétablir le monument du combat des Trente, j'écrivis à quelques braves bretons et surtout à M. de Chazelles, préfet du Morbihan; ma lettre autant conciliatoire que possible entre les défenseurs et les ennemis du royalisme présentait comme préservatif de toute haine héréditaire et prolongée, cette vérité historique qu'il est impossible de contester. Le parti vainqueur au combat des Trente en 1351, fut vaincu en 1364 à la fin de cette guerre, et les deux armées de même nation se réunirent sous la même bannière.

Dans l'orageuse espèce de troubles et de désarrois où les individus les plus calmes, les plus fermes, les plus sages se trouvent inévitablement jetés par les révolutions violentes d'un vaste et populeux état qui forme leur séjour et leur patrie, il va peut-être me devenir absolument impossible de montrer ou pratiquer d'autres vertus que l'espérance et la résignation, qui, Dieu aidant, ne dégénéreront jamais dans mon cœur en lâche apathie, en odieuse insensibilité, en exécrable duplicité, en méprisable girouetterie. Ma reconnaissance pour d'anciens bienfaits de l'auguste maison d'Orléans ne finira sur la terre qu'avec mon dernier souffle, et me suivra, si Dieu le permet, au-delà du tombeau. Mais ce sentiment sera toujours compatible avec celui qui ne s'affaiblit pas en moi sur les malheurs et les vertus d'augustes victimes pour la consolation desquelles je ne refuserais pas mon sang.

Lors des deux chutes du brillant et bruyant aventurier, de l'homme que je n'ai jamais abordé dans aucun temps, jamais encensé dans le zénith de sa puissance et de sa fortune, jamais attaqué ni offensé dans son abaissement ou son châtiment, voici l'emploi que je m'efforçai de faire de toute l'influence d'un commandement à la fois administratif, militaire, paternel, et fraternel, sur certain espace de frontières ou côtes maritimes et sur certain nombre de communes tant urbaines que rurales. J'employai donc mes paroles, ma correspondance, mes démarches, mes actions, mes recommandations à ce que mes camarades ou citoyens d'autre avis que le mien n'éprouvassent que des égards, des propos, des manières aussi adoucissantes et consolantes que les procédés de quelques-uns d'entre eux avaient été par fois reprochables envers l'opinion qui n'était pas la leur. Le bon esprit de la grande majorité de mes coopérateurs et subordonnés seconda puissamment ma voix et mes efforts, ainsi que le désir de mes supérieurs civils et militaires pour pénétrer les trois cohortes ou les trois mille hommes de ma légion du principe national et naturel qu'entre bons Français, malheureusement divisés par les erreurs et les horreurs d'une révolution folle et malfaisante, les vainqueurs et les vaincus doivent se donner l'accolade fraternelle et consolatrice après le combat, et cela d'autant plus que la bravoure embellie par l'honneur ne permettait jamais après une lutte entre deux troupes étrangères l'une à l'autre, à plus forte raison entre celles d'une même patrie, de battre à la suite de la victoire un ennemi renversé.

Est-ce dans un port de salut, est-ce sur des parages ou des

(CXXVII.)

rêves agréables et salutaires, est-ce dans un noir et profond abîme de souffrances et de folies que tant de cabinets et de peuples naguères heureux et respectés, récemment éblouis de fausses lumières, et séduits ou conduits par d'insidieux ou mauvais guides, vont se laisser entraîner par les causes et les suites des terribles journées de la fin de juillet 1830? Voilà, dit M. de Genoude, voilà donc encore une charte qui va porter son fruit!....... Mais ici je sens trop que mon âge et ma position m'ôtant la faculté d'aller et parler où je voudrai, ne me laisseraient pas les moyens de messieurs de Genoude et de Laurentie, pour résister aux ruineuses et désolantes aggressions des principaux agens du St.-office ultra-révolutionnaire, et je ne me permettrai pas seulement de transcrire l'article de la *Gazette de France* du 14 juin 1831, du *Correspondant* et de la *Quotidienne* de la même date, sur le débarquement en France de l'ex-empereur du Brésil, parvenu dans sa catastrophe, à profiter de la légitimité du pays pour transporter son trône à son fils, et (peut-être fort mal à propos) soupçonné de tentatives ou projets attentatoires aux libertés de sa patrie originaire pour retirer la couronne portugaise de la tête de son frère, afin de la poser sur la sienne propre ou sur celle de la princesse Dona Maria, sa fille.

Je ne céderai pas non plus, soit à la velléité, soit au conseil d'extraire des excellentes *Conférences* de Mgr. l'évêque d'Hermopolis, ni du n° 59 de la courageuse *Gazette de Bretagne*, l'article frappant sur le *Pourquoi des Révolutions*. Seulement indiquer ce morceau me paraît suffisamment constater ici mes égards pour les personnes et mon amour de la vérité.

Relativement à la mort et à l'inhumation de l'ex-sénateur comte Grégoire, ma *Conciliation française* donnera le résumé de mes conversations avec des ecclésiastiques et des laïcs éclairés sur l'utilité chrétienne, politique et morale que produira le concours du pouvoir spirituel et du temporel dans toutes les occasions où ils doivent s'entre-aider, sans que dans aucune l'un empiète sur les attributions et les droits de l'autre. Oh! dans un pays où la doctrine catholique est en majorité de plus de neuf dixièmes, combien cette noble et touchante harmonie serait précieuse aux mœurs, à la religion, au repos de la société, à la conservation du meilleur ordre, à l'inviolabilité des consciences. La mienne m'inspire ici des éloges à la docte, onctueuse et charitable orthodoxie de Mgr...........

Ce 20 juin 1831. J'apprends avec une sorte de regret l'égarement d'une page pour la composition de laquelle je n'aurai plus ni le temps, ni la place nécessaire; j'y consignais l'hommage d'une reconnaissance catholique à la conduite exemplairement pastorale de Mgr. l'archevêque de Paris, auprès d'un ex-évêque constitutionnel dont, malgré l'opposition de ses idées aux miennes, je n'ai pas méconnu les *bonnes parties* dans les pages où je l'ai combattu. C'est avec le même fond de justice et de sensibilité que j'ai manifesté dans un autre opuscule mon admiration pour les secours pieux et paternels que le même archevêque a tâché de porter au grand acteur Talma, qui, dans mes dernières conversations avec lui, m'avait paru très-guéri du philosophisme et du révolutionisme. Je ne dissimule pas que la grande actrice, Mademoiselle Duchesnois, m'a paru dans certain jour (dont peut-être elle se souvient encore) très-digne de la considération, réclamée dans ma *Conciliation française*, pour toutes les personnes qui, comme elle, savent honorer leur talent et leur profession par l'amour de la patrie et de la vertu.

ADDITION À UNE NOTE PRÉCÉDENTE.

Le brave et savant chevalier de Folard a consigné jadis dans ses écrits l'humeur que lui donna certain jour un officier général qu'il trouva dans un moment plus occupé de recherches ou conversations rabbiniques que des soins de mettre en défense la place dont il était gouverneur. Cependant d'autres écrivains du règne de Louis XIV ont rapporté des actions de ce même officier général; comme sous la régence et le règne de Louis XV, des critiques de Folard ont conservé quelques souvenirs de son faible pour les convulsions et les convulsionnaires. Pour n'essuyer aucun reproche de ce genre de la part du pieux et beau sexe de nos mères, de nos épouses, de nos consolatrices, je m'abstiendrai de placer dans cette note aucun mot Hébraïque ou grec, ou même de les renvoyer au mot Juva du grand dictionnaire des étymologies latines de Vossius, mais je ne craindrai pas non plus de rappeler à celles qui n'ont pas oublié le christianisme, surtout aux nombreuses et fidèles catholiques, les versets du psaume 69 de notre vulgate, commençant par ces mots, dont la plupart connaissent la traduction française.

Deus in adjutorium nostrum intende, Domine ad adjuvandum me festina.

Mais le torrent des événemens et des circonstances me force d'arrêter subitement ici et de renvoyer à ma *Conciliation française* ce que je me suis promis d'écrire sur le voyage du Roi au Havre ; sur l'état de l'Europe, et sur la dissidence de bons et respectables citoyens, dont les uns veulent se rendre au poste électoral et les autres proposent de s'en abstenir. Je suis l'avis et l'exemple des premiers, tout en respectant les motifs et les intentions des seconds. — On ne parviendra jamais à me brouiller avec MM. de la *Quotidienne* et de la *Gazette de France*, lorsque je m'accorde sur cet article avec le *Correspondant* du premier courant. Je vais courir au Havre joindre mon zèle ou contingent patriotique à celui des estimables collègues qui vont tâcher ainsi que moi de bien diriger leur vote, de réprimer beaucoup de mal et d'opérer quelque bien.

www.ingramcontent.com/pod-product-compliance
Lightning Source LLC
Chambersburg PA
CBHW070513100426
42743CB00010B/1825